PHILOSOPHIE
DE LA RELIGION

PAR

WYZEWSKI

D. M.

> Le mot religion n'est qu'un autre
> nom de la morale. C'est à proprement
> dire, la morale qui considère tous nos
> devoirs, non plus comme l'inspiration
> de la saine raison, mais bien comme
> des ordres divins

PARIS

—

1890

PHILOSOPHIE
DE LA RELIGION

PAR

WYZEWSKI

D. M.

> Le mot religion n'est qu'un autre
> nom de la morale. C'est à proprement
> dire, la morale qui considère tous nos
> devoirs, non plus comme l'inspiration
> de la saine raison, mais bien comme
> des ordres divins.

———————

PARIS
—
1890

LA RELIGION

Le mot religion, tiré du latin, signifie liaison. On désigne par ce mot le lien qui rattache l'homme à Dieu, son créateur, son maître et son bienfaiteur. On comprend sous cette dénomination la somme de toutes les obligations que l'homme doit à Dieu.

Il est certain que cet Être suprème, qui a créé le ciel et la terre et qui gouverne le monde par sa providence, ne pouvait pas, en créant l'homme, l'abandonner; lui laisser ignorer la règle de la vie. Il est hors de doute qu'il a institué, dès le début, pour tous les hommes, une voie de salut commune pour eux tous. Il s'est contenté de nous créer tous sur le même type; d'accorder à la nature de nous tous les mêmes attributs particuliers, qui devaient nous distinguer des animaux. Il nous a placés sur cette terre, pour que nous y cherchions notre bonheur; il nous a fait sentir en quoi doit consister ce bonheur; il a mis en notre possession les moyens par lesquels nous pouvons et nous devons tendre vers ce bonheur plus ou moins parfait. Il s'est fait en même temps notre bienfaiteur et notre maître suprême ; mais il ne nous a laissé pour apprécier ses bienfaits, pour comprendre ses lois, pour deviner ses volontés, pour nous assurer même de son existence, aucun guide, aucune autre ressource que notre observation, notre réflexion, notre raisonnement.

—

Il résulte de ces considérations que la religion a commencé à exister du jour où le premier couple humain a paru sur la terre ; que tout homme, par cela seul qu'il est doué de la raison, est un être religieux ; qu'il n'y a qu'une religion, seule véritable pour toute la famille humaine, dans tous les temps, dans tous les lieux ; et enfin que cette religion, loin d'être distincte et séparée de la morale, ne fait qu'un seul, un même objet avec elle. Le mot religion n'est qu'un autre nom de la morale. C'est, à proprement dire, la morale qui considère tous nos devoirs, non plus comme l'inspiration de la saine raison, mais bien comme des ordres divins.

Mais, à côté de cette religion, qui est octroyée à l'homme par Dieu lui-même, religion qui est aussi ancienne que l'humanité elle-même, qui n'a aucun nom particulier, qui n'étant exposée dans aucun livre sacré, se retrouve exprimée dans les maximes de probité et de bon sens commun à toutes les nations et à toutes les époques ; à côté de cette religion qui n'a pas été donnée d'emblée à l'homme, ni au complet, mais qui marche, progresse et se perfectionne parallèlement au savoir de l'homme ; à côté de cette religion, la seule véritable et légitime, il y a actuellement huit doctrines auxquelles on donne le nom de religions, qui partagent entre elles toute la population du monde connu, civilisé ou à demi-civilisé. Ce sont, dans l'ordre de leur ancienneté, le Brahmanisme, le Boudhisme, le Mazdeïsme, le Judaïsme, le Catholicisme, l'Orthodoxie, le Mahométisme, le Protestantisme.

———

Toutes ces religions font contraste et sont dissemblables entre elles. Il y a cependant dans leur arrangement systématique une analogie frappant l'attention, et qui permet de les envisager toutes sous le même point de vue.

Chacune de ces religions se compose de la croyance en Dieu et du culte qui lui est dû. La croyance s'appelle la foi ; le culte s'appelle la dévotion.

Dieu, qui est unique dans certaines de ces religions, qui est double ou même triple dans certaines autres, est toujours représenté comme étant semblable à l'homme, pénétré des mêmes sentiments et animé des mêmes passions que celles de la nature humaine.

Dans chaque religion, outre le Dieu souverain, il y a des anges, des génies, des saints masculins et féminins, occupés à servir ce Dieu, à veiller sur la conduite des hommes, à être pour ces derniers des médiateurs devant le Seigneur du monde.

Dans chacune aussi il y a une foule de démons, qui sont chargés de tenter continuellement l'homme pour le détourner de la voie de la vertu, pour l'entraîner au vice.

Chaque religion possède ses livres sacrés, où se trouvent retracés le caractère et les volontés particulières de Dieu, ainsi que l'histoire de la création du monde et de l'homme.

Chaque religion traite de l'immortalité de l'âme, c'est-à-dire de la vie future, comme de la chose la mieux connue.

Enfin chaque religion constitue dans la société une classe à part, classe privilégiée, vouée au sacerdoce. Les prêtres sont considérés comme les ministres de Dieu sur la terre. Eux seuls sont autorisés à faire les sacrifices ; eux seuls connaissent bien les volontés du Maître céleste. Ils sont chargés d'apprendre au peuple ce qu'est la vertu et en quoi consiste le péché. Ils jouissent d'une grande faveur auprès de Dieu ; leurs prières sont plus agréables au Seigneur, et par cela même, plus efficaces que celles des simples fidèles.

Examinons succinctement, une à une, chacune de ces huit religions, en commençant par le Brahmanisme.

LE BRAHMANISME

Le Brahmanisme est la religion d'une partie des races nombreuses qui habitent l'Indoustan. Elle compte 520 millions d'adeptes. Son nom lui vient de Brahm, qui a été dans le principe reconnu et adoré comme étant seul l'Être suprême, créateur et gouverneur de l'univers. A une période postérieure, Brahm, au lieu d'être le seul et l'unique maître du monde, a été dans la croyance populaire associé à deux autres grands Dieux, nommés Vishnou et Siva. Dans cette triade, Brahm occupait la place prédominante ; il était le créateur, tandis que Vishnou avait la mission de conservateur et Siva celle de destructeur. A l'heure actuelle Brahm a perdu tout son prestige et tout son éclat. On ne lui dédie plus de temples, on ne lui rend plus de culte. Les Indous modernes, négligeant celui qui a créé le monde, partagent toute leur adoration entre celui qui conserve et celui qui détruit toutes les choses.

Le Brahmanisme moderne se divise en deux sectes. Dans l'une c'est Vishnou qui devient le principal objet du culte ; dans l'autre c'est Siva et sa femme, nommée Dourga.

—

Les Indous sont les plus religieux de tous les peuples de la terre. Non contents des trois dieux qui viennent d'être nommés, et qui forment la trinité du premier ordre, ils ont un nombre incalculable de divinités secondaires ; et les légendes de leurs dieux sont sauvages, tantôt grotesques, tantôt horribles au-delà de toute imagination. La ville de Bénarès, qui est la cité la plus sainte de l'Indoustan, possède mille temples brahmaniques et huit mille maisons occupées par des prêtres, nommés Brahmanes mendiants.

—

Vishnou est le dieu conservateur, par conséquent il est un Dieu de débonnaireté. On peut déposer en lui toutes ses espérances. Pour l'adorer, il ne faut pas d'offrandes sanguinaires.

On le représente ordinairement sous la forme d'un beau jeune homme, de couleur bleu d'azur ayant quatre bras. — « Toutes les fois que sur la terre la vertu est en décadence, que le vice et l'injustice s'insurgent, je fais mon apparition dans le monde ; je préserve ce qui est juste, je détruis ce qui est mauvais et je fais régner la vertu. » — C'est la déclaration que fit Vishnou lui-même, et que contiennent les lois de Manou, livre sacré du Brahmanisme.

——

Toutes les occupations, toutes les circonstances de la vie d'un Indou sont réglées par sa religion. Il ne peut pas faire un pas sans qu'il ne risque de commettre un péché, ou, comme il l'appelle, une impureté, une souillure : et d'autre part, il n'y a pas de débauche à laquelle il n'ait le droit de se livrer sous l'inspiration de cette même religion. On lui apprend dans ce livre sacré des sentences comme celle-ci : « Quiconque adore Vishnou avec dévotion et avec ravissement ; quiconque le prend pour objet de toutes ses actions, de sa nourriture, de ses offrandes et de ses prières, celui-là, quelles que soient ses actions, qu'elles soient bonnes ou mauvaises, aura son âme libre de péché et réunie à l'essence de l'âme de son Dieu. » Alors évidemment, la vertu ne lui est

pas beaucoup utile. C'est aussi dans ses livres
sacrés qu'on lui donne cette autre leçon, à
propos du Gange. « Telle est l'efficacité de ce
fleuve, qui coule de l'orteil de Vishnou, que le
ciel se confère à celui qui s'y baigne avec
intention, et même à celui qui s'y trouve
immergé accidentellement. Ceux-là même ob-
tiendront le ciel dont les os, la peau, les chairs,
les cheveux, ou n'importe quelle parcelle du
corps, sera laissée, après la mort, sur le terrain
contigu au Gange. »

On apprend au pauvre Indou, toujours dans
ses livres sacrés, que toutes les choses sont ou
pures ou impures. Parmi les végétaux, par
exemple, l'ail et l'oignon sont impurs : parmi
les animaux, le coq, le moineau, tout animal
carnassier, tout poisson, tout animal sauvage,
sont rangés dans la catégorie des créatures
impures. Par contre, la vache est un animal
pur et plus que pur ; elle est un animal sacré,
pour lequel il faut avoir la plus profonde vénération. Tuer une vache est un sacrilège des
plus monstrueux commis par l'Indou. Les
excréments eux-mêmes d'une vache servent,
comme on va le voir tout à l'heure, à effacer les
souillures dont les hommes peuvent se trouver
flétris et entachés.

Elevé dans de pareilles absurdités et nourri de ces croyances insensées, le pauvre Indou vit dans la crainte continuelle ; il se condamne à des privations nombreuses, ne pense qu'à ses souillures et aux moyens de s'en purifier. Il fait des pèlerinages aux lieux consacrés par la légende mythologique, surtout au bord du Gange, dont les eaux peuvent laver tous les péchés. D'ailleurs chaque rivière et chaque étang lui est bon. Il y va, prend dans ses mains un peu de vase boueuse : il la pétrit pour en faire le simulacre d'une idole quelconque. A cette idole il rend des saluts et des révérences, il lui adresse ses prières, lui fait une offrande de riz, de fruits ou de fleurs, après quoi il la jette à terre ; puis, il se frotte d'un mastic qu'il a préparé d'avance avec les excréments d'une vache, réduits en cendres et trempés dans l'urine de la même vache ; il s'en frotte par tout le corps ; il se lave, enfin, dans l'eau de la rivière ou de l'étang auprès duquel il se trouve et il s'en retourne consolé par l'idée qu'il est déjà pour quelque temps délivré de ses péchés, purifié de sa souillure. C'est dans des pratiques de ce genre que consiste le culte de Vishnou, dieu de la Bonté.

— —

Siva est le dieu terrible, dieu de la Mort et de

la Destruction. On lui adjoint sa femme, nommée Dourga, ou plus communément Kali. C'est le culte de ces deux divinités qui prédomine dans l'Indoustan. Dans les temples qui leur sont élevés, on expose leurs statues rudes, difformes, d'un aspect repoussant et terrifiant. Une de ces statues porte plusieurs têtes réunies sur le même corps, pour signifier beaucoup d'intelligence; une autre est représentée avec quatre bras pour marquer le grand pouvoir. La déesse Kali est figurée avec trois yeux qui lancent des éclairs. Elle est noire, des serpents forment sa chevelure, et elle porte sur son cou une guirlande de têtes humaines, qui lui descend jusqu'aux genoux. Dans une main, elle tient un poignard, dans l'autre une tête humaine. Ses lèvres sont enduites de sang figé. Tout ce simulacre statuaire a pour but de faire sentir aux croyants le caractère vindicatif et cruel de ce couple divin.

———

C'est pour rendre le culte à ces deux divinités, si avides de sang, que le malheureux Indou s'inflige des tortures aussi abominables qu'affreuses. L'un se perce la langue ou la peau au côté, et dans l'ouverture béante introduit un morceau de fer ou un petit serpent vivant. Un autre se fait enfoncer des clous dans différents

endroits de son corps. Un troisième s'assied au
soleil ardent ; il se fait entourer de fagots
allumés et flamboyants. Une des pratiques fa-
vorites de ce genre consiste à se faire traverser
la chair du dos par des crochets en fer, à se
faire suspendre au moyen de ces crochets à une
perche solide, reposant sur un poteau, et pou-
vant y tourner. Fixé de cette manière, le dévot
fanatique est lancé dans l'air ; il décrit un large
cercle horizontal en répandant partout des
fleurs, que la foule spectatrice, pleine d'admiration, ramasse avidement, parce que ces fleurs
ont des vertus curatives dans plusieurs maladies,
surtout dans le cas de stérilité de la femme. Il
y a de ces fanatiques, qui, pour adorer leurs
dieux, s'imposent la tâche de mesurer par la
longueur de leur propre corps la distance, qui
sépare une ville sainte d'une autre ville de
même genre. Il n'est pas rare de voir pendant
les jours de grandes fêtes, l'un ou l'autre de
ces fanatiques exaltés se jeter sous les roues
du char qui porte processionnellement l'idole
et se faire écraser à la gloire de son Dieu.

LE BOUDHISME

Le Boudhisme est une religion qui compte 400 millions d'adeptes, c'est-à-dire près d'un tiers de toute la population connue de la terre. Elle est professée à Ceylan, au Japon, au Thibet, dans toute l'Asie centrale, en Chine et dans l'Indoustan. Elle a surgi au sein du Brahmanisme, et elle s'est présentée comme une protestation contre les enseignements de ce dernier.

Pour comprendre en quoi consiste leur antagonisme, il faut savoir que le Brahmanisme, non pas moderne et tel qu'on vient de l'exposer ici, mais celui qui a régné environ six siècles avant l'ère chrétienne, offrait une doctrine particulière. Il enseignait à ses croyants deux dogmes fondamentaux : le dogme des castes et celui de la métempsychose. Par le premier, il enseignait que l'Être suprême, en créant le monde, a fait sortir la race humaine de quatre endroits de son propre corps, et par cela même a établi quatre classes ou castes parmi les hommes. De sa bouche, il a fait paraître la caste des Brahmanes, classe des prêtres, investie d'une sainteté comparable à la sainteté divine. C'est à cette classe qu'a été assignée la fonction de présider aux sacrifices et de les diriger ; d'adresser les prières et de chanter les hymnes d'adoration ; de lire les livres sacrés, d'instruire le monde et de faire des lois. De son bras, l'Être suprême a fait venir la caste des Kshatrias ou des guerriers, comprenant sous ce noms, les rois et les nobles, auxquels il appartenait de défendre le pays. De sa cuisse, il a extrait la caste des Vaïsyas, dont la mission était de labourer la terre, d'élever le bétail et de faire le commerce. Enfin de son pied, il a fait sortir la caste des Soudras, classe des artisans, devant servir les troi classes précédentes. Cette caste, liée par l'esclavage, était tellement vile et méprisable, qu'une injure infligée à un Soudra ne comptait point pour un péché ; et le Soudra lui-même, était considéré comme indigne d'assister aux rites religieux, et d'écouter la lecture des livres sacrés. Voilà le premier dogme de la religion brahmanique, dogme qui a été évidemment l'œuvre des Brahmanes eux-mêmes, et dans lequel ils ont eu soin de s'attribuer la part la plus lucrative des bénéfices.

Le second dogme, qui fut le trait saillant du Brahmanisme, c'est le dogme de la métempsychose, mot qui signifie transmigration des âmes. Bien que selon cette religion, toutes les choses visibles et invisibles émanent de l'Être suprême ; bien que l'âme humaine, ainsi que le corps humain, soient sortis tous deux de cet Être ; quoiqu'il soit naturel de croire que les premiers hommes parus aient été tous purs et parfaits, il y est cependant enseigné que notre âme a préexisté ; que notre vie actuelle a été précédée d'une vie antérieure ; que ce sont les mérites ou les démérites des vies précédentes qui font de notre vie présente ce qu'elle est. L'état heureux ou malheureux d'un homme ne dépend pas de la manière dont il vit maintenant ; il dépend des vertus ou des vices d'autrefois. C'est un enchaînement inévitable contre lequel la justice même des dieux ne peut rien faire. Dès qu'un homme meurt, il renaît de suite pour apparaître sous une nouvelle forme ; et cette forme peut, suivant les mérites ou les démérites antérieurs de l'homme, représenter un être quelconque, pris dans la foule innombrable des êtres qui composent le monde ; elle peut être n'importe quoi, depuis une motte de terre jusqu'à une divinité. Si son démérite n'est pas suffisamment puni par une existence dégradée sur la terre, sous la forme, par exemple, d'une femme, d'un esclave, d'un animal dégoûtant, d'une plante ou de quelque corps inanimé ; alors il faudra qu'il aille encore faire l'expiation de ses torts dans un des 36 enfers, qui sont dans l'intérieur de la terre, et où il ne devra pas séjourner moins de dix millions d'années. D'autre part, une vie méritoire sur cette terre assurera à l'homme une nouvelle renaissance, soit sur la terre encore, mais dans une situation élevée et heureuse ; soit dans un des nombreux cieux, où il demeurera sous la forme d'une divinité et durant une période de dix millions d'années. Mais quelque longue que paraisse être cette vie dans l'enfer ou dans le ciel, elle aura toujours une fin. Il faudra que l'individu renaisse sur la terre pour devenir derechef heureux ou malheureux, et pour y vivre sous la forme d'une divinité ou sous celle du corps le plus vil et le plus abject.

Les entraves résultant de l'inégalité des castes ; l'oppression des rois et des fonctionnaires ; l'ennui de pratiques minutieuses se rapportant au culte et imposées par les Brahmanes ; le manque de sécurité et de paix ; la terreur des transmigrations successives et interminables ; toutes ces menaces attachées à la vie des malheureux Indous, les ont disposés à

rompre avec cette religion ; à accepter n'importe
quelle autre doctrine, pourvu qu'il ne s'agisse
plus de castes ni de métempsychose. C'est un
prince Indou nommé Sidharta, de la famille
des Çakyas, qui a pris sur lui la tâche de ren-
verser la doctrine brahmanique. S'étant livré à
de longues méditations, il est parvenu à poser
la conclusion que toutes les défaillances, auxquelles est assujettie la nature humaine, ne
doivent pas être considérées comme un fardeau
attaché à la vie de l'homme ; que c'est bien
notre vie elle-même qui fait notre misère ; que
pour ne pas craindre les transmigrations, il
faut chercher à arriver à un état appelé Nirvana, c'est-à-dire anéantissement de sa person-
nalité. Il faut savoir détruire en soi le désir ; il
faut se détacher non-seulement du monde ex-
térieur, mais aussi de soi-même ; devenir indif-
férent à toutes les joies comme à toutes les
peines ; se livrer à la méditation; perdre succes-
sivement un sentiment après l'autre, jusqu'à ce
qu'on atteigne à une insensibilité parfaite.
C'est alors qu'on arrivera au royaume où il n'y
a plus d'idées, ni conception même de l'absence
des idées.

———

Pour arriver à cet état, il fallait, d'après
Sidharta, traverser trois étapes successives.

Tous les sectateurs étaient divisés en trois
classes : des laïques, des religieux et des ascètes
vrais et réels. Pour arriver à la première étape,
pour devenir un laïque, il suffisait d'observer
les cinq commandements suivants : ne point
tuer, ne point voler, ne point commettre d'adul-
tère, ne point mentir, ne point s'enivrer. Celui
qui désirait monter en grade, se faire religieux,
devait non-seulement se conformer aux commandements précités, mais encore se soumettre
aux cinq obligations suivantes : s'abstenir de
regarder les danses ; s'abstenir d'écouter la
musique ; ne point porter de parures et de parfums ; s'abstenir d'avoir un grand lit ; enfin
s'abstenir de recevoir de l'or et de l'argent.
Quant aux ascètes, il y a eu pour eux d'autres
observances sévères et des plus rigides. Le
moine ascète était condamné au célibat. Il ne
devait ni parler à une femme, ni même la regarder ; il ne devait porter d'autre vêtement que
des haillons, ramassés sur la route ou au cime-
tière, des haillons qu'il cousait de ses propres
mains, et sur lesquels il devait jeter un manteau
jaune. Il ne devait se nourrir que des aliments
les plus ordinaires qu'il allait mendier de porte
en porte, et qu'il recueillait dans un petit bas-
sin suspendu à la poitrine. Il ne devait faire
qu'un seul repas, et avant midi. Il devait vivre

dans les bois, et ne pas chercher d'autre abri
que les feuilles des arbres. Enfin, il ne devait
avoir d'autre couche qu'un petit tapis, sur lequel il lui était défendu de s'étendre et où il
devait dormir dans la position assise.

—

Outre ces prescriptions, qui formaient la discipline des religieux et des ascètes, les perfec-
tions suivantes ont été recommandées à tous
les sectateurs sans exception : l'amour filial, la
vénération pour les supérieurs, l'humilité, la
patience, le courage, la pureté, l'amour de la
paix et de la concorde, la charité illimitée,
s'adressant non-seulement au prochain, mais
aussi à toute créature vivante.

—

Voilà la doctrine qui a été imaginée et prêchée
par le prince Sidharta. Elle appelle au salut et
au Nirvana tous les hommes sans distinction de
caste, et elle proclame l'égalité religieuse de
toutes les classes sociales. Elle renverse l'autorité sacerdotale et affranchit la morale du culte ;
elle abolit les cérémonies et les pratiques religieuses pour leur substituer les devoirs moraux.
Elle donne enfin d'admirables conseils et de
beaux principes d'humanité, de fraternité, de
pardon des offenses, de douceur et d'humilité.
　La tradition rapporte que le promoteur de

cette doctrine a vécu jusqu'à l'âge de 80 ans ;
qu'il prêcha son évangile pendant 45 ans ; que
par la simplicité et la clarté de son enseignement ainsi que par la bonté de son cœur, il se
gagna un grand nombre d'adhérents, non-seulement parmi les classes inférieures et oppri-
mées, mais aussi parmi les princes et les rois,
parmi les Brahmanes eux-mêmes.

Arrivé au terme de son existence et étant un
jour en marche, il se sentit pris de défaillance ;
il gagna le bord d'un bois, et s'étant assis à
l'ombre d'un figuier, il y rendit le dernier sou-
pir.

—

Immédiatement après que leur maître chéri
et vénéré les eût quittés, ses disciples, réunis
en concile, se mirent en devoir de rassembler
ses enseignements épars, et de leur faire revê-
tir la forme d'un corps de doctrine. Pour éter-
niser sa mémoire on avait commencé par brûler
son corps, et par diviser ses cendres en plusieurs
parts, qui furent déposées dans les principales
localités où il avait prêché ; et pour marquer les
endroits où se trouvait une relique quelconque
de ce maître vénérable, on éleva de petits mon-
ticules, avec des niches, aux abords desquels
devait toujours se trouver planté un figuier, pour
rappeler que ce fut, en se reposant sous cet

arbre, que le grand maître rendit l'âme. C'est
aussi, d'après la tradition, pendant qu'il se
trouvait à l'ombre d'un figuier assis et plongé
dans de profondes méditations, que l'idée de sa
doctrine avait jailli de son esprit.

On lui a donné après sa mort le nom de
Boudha, mot qui veut dire « éclairé », parce
qu'il avait fait entendre que par ses méditations il était enfin parvenu à saisir et à connaître
la vérité.

La doctrine de Boudha, à laquelle on donne
le nom de boudhisme, n'a été dans le principe,
comme on vient de le voir, qu'un ensemble de
préceptes moraux et une théorie de métaphy-
sique originale.

Cette doctrine mérite à peine de compter
dans le rang des religions. Peu à peu, cependant, Boudha a été dans l'opinion populaire
élevé à la dignité d'un Dieu. Sa doctrine est
devenue un code de religion. On lui a élevé
des temples ; on lui a adressé des prières.

Le culte boudhiste se réduit à rappeler aux
croyants le souvenir de celui qui a été le fondateur de la religion ; à glorifier la perfection de
ses enseignements ; à remémorer les circons-

tances de sa vie ; surtout à réciter plusieurs fois la formule, qu'il avait établie lui-même, sous le nom des quatre vérités sublimes. Cette formule, qui a été le point de départ de toute sa philosophie est celle-ci : La première vérité est que la souffrance existe ; la seconde que la cause de la souffrance se trouve dans le désir ou l'attachement ; la troisième que la souffrance peut trouver sa fin par le nirvana ; la quatrième indique la voie pour arriver au nirvana.

—

Lorsqu'on entre dans un temple boudhiste, on voit se dresser au fond, sur une estrade, semblable à un autel, la gigantesque statue du bien-aimé maître, dans la position assise, avec les jambes croisées, et la figure sur laquelle brillent la sérénité et un calme majestueux. Cette statue principale est entourée, à droite et à gauche, d'une infinité d'autres statues semblables, de toutes les dimensions, depuis 30 pieds de hauteur, jusqu'à la taille du petit doigt.

Les sectateurs laïques, qui fréquentent le temple aux jours fériés sont des deux sexes et de tout âge ; et il faut le dire, n'observent nullement le décorum qui convient à un lieu consacré au culte. L'un vient au-devant de la

statue principale, lui fait une révérence, et s'en
va en fredonnant une chanson, ou en se livrant
à des ébats niais. Un autre s'approche de la
statue, et, après l'avoir saluée humblement, va
allumer un cigare à une baguette parfumée qui
vient d'être offerte à Boudha. Un troisième rend
son salut, s'assied gravement au pied de l'estrade, et se met à jouer sur le flageolet l'air
d'une chanson obscène. Pendant ce temps, la
foule marche processionnellement d'un bout à
l'autre du temple, faisant la révérence à la mul-
titude des statues et des statuettes, les arrosant
de parfums, jetant sur elles beaucoup de fleurs
et des morceaux d'une étoffe jaune, chantant
des hymnes à la gloire de leurs idoles, et répé-
tant les maximes de leur maître vénéré.

—

Ceux d'entre les sectateurs, qui ont embrassé
la vie des religieux, vie de célibat, d'austérité
et de mendicité, vivent dans des couvents et
forment quelquefois des corporations tellement
populeuses qu'à Lassa, capitale du Thibet,
ville qui doit être considérée comme le chef-
lieu du monde boudhiste, le tiers de la population est formé de ces moines.

Dans le royaume de Siam, tout jeune homme,
arrivé à l'âge de 14 ans, est forcé d'entrer dans
un couvent, et d'y demeurer plus ou moins

longtemps, quelques années, ou seulement quelques mois. Le roi lui-même est obligé de se vêtir d'un manteau jaune monacal et d'aller durant deux ou trois jours demander l'aumône auprès de ses courtisans.

L'occupation des moines consiste à instruire le peuple, en lisant dans les assemblées les discours de Boudha. Au Thibet et ailleurs on voit devant les monastères un jeune moine, tournant la manivelle d'une roue, à laquelle est adapté un cylindre. Dans le cylindre se trouve enfermé un rouleau, sur lequel les maximes de Boudha sont inscrites. On appelle cela « la roue priante ». Elle permet aux croyants de transmettre leurs suppliques et leurs compliments à leur dieu, plusieurs milliers de fois, en quelques minutes, et pour un minime prix. Cette pratique a pris sa source dans l'interprétation trop littérale d'une phrase attribuée à Boudha. La tradition rapporte que lorsqu'il allait faire sa première prédication à Bénarès, il s'était servi de l'expression qui a été consacrée depuis lors, disant qu'il allait tourner la roue de la loi.

LE MAZDEISME

Le Mazdéisme était la religion des anciens Perses. Son fondateur s'appelait Zoroastre. Elle enseignait qu'il n'y a qu'un Dieu, créateur de toutes les choses, et à ce Dieu on donnait le nom de Ahura-Mazdao. On supposait qu'il y avait en lui un bon et un mauvais esprit ; mais dans la suite des temps, de ces deux attributs de Dieu, on avait fait deux divinités séparées et antagonistes, nommées Ormuzd et Ahriman.

Il ne reste pour adeptes de cette religion que des débris épars. On les connait sous le nom de Parsis ou de Guèbres.

Leurs cérémonies religieuses sont nombreuses et leur culte se compose de cinq actes suivants : l'immolation d'un animal ; la communion générale, qui consiste à manger en commun du pain consacré, et à boire du vin bénit; la prière que le croyant doit réciter seize fois dans la journée ; l'expiation que l'on s'impose et que l'on opère, soit en se flagellant, soit en donnant des cadeaux au prêtre ; enfin l'offrande pour les morts.

Cette religion ne compte actuellement qu'un

million d'adeptes. Il en reste très peu en Perse même. Ce pays est voué maintenant presque entièrement à la foi mahométane. Le plus grand nombre de Parsis habite le nord de l'Indoustan.

Quelque part qu'on les rencontre, on les reconnaît par leur amour du travail, leur naturel paisible, leur probité, leur esprit bienveillant et charitable.

Ils sont les seuls parmi les Orientaux qui s'abstiennent de fumer le tabac.

LE MOSAÏSME

Le Mosaïsme est la religion des Juifs, qu'on désigne communément sous le nom d'Israélites. Son nom lui vient de Moïse, qui a vécu environ 1500 ans avant l'ère chrétienne, et qui est considéré comme le prophète et le législateur de la nation israélite. Cette religion est doublement intéressante. Elle est professée par des adeptes qui sont au nombre de quinze millions d'individus qui, n'ayant pas de patrie, vivent actuellement dispersés par tous les continents et dans tous les pays ; mais leurs ancêtres formaient dans l'antiquité une nation, renommée surtout par les souffrances qu'elle a eues à endurer. C'est aussi la religion dans laquelle naquit Jésus-Christ. C'est elle qui a été le point de départ du Christianisme.

—

Il y a dans cette religion, comme dans toutes les autres d'ailleurs, un grand nombre de livres sacrés. Le plus important parmi ces livres est celui auquel les traducteurs grecs ont donné le nom de Pentateuque, (mot qui signifie : « composé de cinq parties, ») et lequel est attribué à tort ou à raison à Moïse lui-même.

Ce livre est le plus intéressant pour les Juifs, parce qu'il contient tous les dogmes de leur foi religieuse et toutes les prescriptions de leur culte.

Il a aussi une grande importance pour les chrétiens, parce qu'on y trouve le Décalogue, c'est-à-dire les dix commandements de Dieu ; et parce que c'est surtout dans ce livre qu'on rencontre certaines allusions qui prédisent la venue d'un Messie et qui en indiquent la nécessité.

—

On croit généralement que c'est ce livre de Moïse qui donne au monde la plus noble, la

plus pure et la plus juste notion de Dieu ; mais
en vérité, à part cette idée que Dieu est un
Etre éternel, celui qui est, qui a toujours été et
qui sera sans changement ; excepté cette seule
notion conforme à la raison, tout le reste, dans
le Pentateuque, ne paraît être qu'un amalgame
de légendes incohérentes, de sentences souvent
contradictoires, de préceptes bizarres, accu-
mulés sans ordre et sans suite, des dogmes mal
définis, des pratiques superstitieuses et ridicules.

L'omnipotence et l'omniscience de Dieu, sa
bonté, sa justice et sa providence y sont repré-
sentées d'une manière singulière et peu juste.
Le Dieu de Moïse n'est pas le Dieu de l'humanité entière ; il n'est que la divinité d'un petit
peuple, le peuple d'Israël. Ce Dieu n'aime que
son peuple ; il hait les autres nations et pour
les exterminer, il prête son secours à ses chers
Israélites. Quant à son peuple bien-aimé, il le
traite tantôt avec une tendresse outrée, tantôt
avec une sévérité inexorable pour ses créatures.
Tout ce qu'il demande à ses Israélites, c'est
qu'ils l'adorent, qu'ils ne manquent jamais de
lui rendre les hommages qui lui sont dûs. Voilà
ce qu'est le Pentateuque, ce livre sacré dont la
composition est attribuée à Moïse, et lequel, en
hébreux, porte le nom de Torah, mot qui veut
dire la loi.

Dans ce livre Moïse raconte la création du
monde et celle du premier couple humain ; il y
fait la relation du sort de l'humanité primitive ;
il y fait le récit des rapports de Dieu avec les
hommes, de ses nombreuses apparitions sur la
terre, de ses colloques, de ses ordres donnés de
vive voix, de ses propositions d'alliance et de
ses promesses.

Les Israélites eux-mêmes reconnaissent qu'il
y a dans leurs livres sacrés une infinité de faits,
qui déshonorent leur nation, et néanmoins ils
révèrent ces livres comme des oracles ; il les
lisent avec le plus grand respect, et ils se sont
conformés jusqu'à ce jour aux nombreuses
prescriptions, touchant les cérémonies du culte,
telles que Moïse les avait données à leurs ancêtres. C'est même dans l'observance de ces
ordonnances mosaïques et dans leur accomplissement scrupuleux qu'ils font consister toute
leur religion.

—

La circoncision, qui, selon le dire de Moïse, a
été commandée par le premier pacte conclu
entre Dieu et Abraham, a toujours été, et est
encore à l'heure actuelle, considérée comme le
premier devoir religieux dans la vie d'un Juif.

Moïse raconte quelque part dans son livre
que, de son temps, on avait une fois surpris un

homme ramassant du bois sec, le jour du
Sabbat, comme par mépris de la loi. Ne sachant
pas comment il fallait punir cette transgression,
il alla consulter Dieu à cet égard ; et Dieu lui
donna l'ordre de faire lapider ce pécheur. Or,
le souvenir de ce terrible châtiment est toujours
vivace dans l'esprit d'un Juif ; et il est cause que
le repos du septième jour de la semaine est
observé par chaque Israélite zélé, avec la plus
rigoureuse exactitude.

Moïse avait défendu à son peuple de manger
de la viande de porc et de contracter mariage
avec des étrangers ; eh bien, cette double dé-
fense a été respectée jusqu'aujourd'hui même
chez tous les israélites.   .

———

Le culte religieux des Juifs se compose d'un
très grand nombre de cérémonies minutieuses
et compliquées. Le culte privé, domestique, et
journalier, consiste dans la récitation répétée
trois fois par jour de dix-neuf prières en langue
hébraïque. En commençant ce soliloque au
matin, le Juif se fixe au milieu du front une
petite boîte carrée en cuir noirci, à laquelle
sont attachées à droite et à gauche de minces
lanières également en cuir noirci. Il se ceint le
front et la tête de ces deux lanières, il les
croise en arrière de la tête, et ayant dénudé

son bras gauche jusqu'au-dessus du pli du
coude, il enroule ces lanières à l'avant-bras.
Affublé de cette manière, il se met à réciter ses
longues prières, tantôt tout bas, tantôt en éle-
vant la voix, mais toujours avec beaucoup de
précipitation et avec des balancements de corps
fréquents d'avant et d'arrière. La boîte en question avec ses lanières, appelée les Phylactères,
contient dans son intérieur le décalogue ou
bien quelque extrait du Pentateuque.

Au jour du Sabbat, qui, commençant le vendredi au coucher du soleil, finit le samedi à la
même heure, et qui est pour les Juifs ce qu'est
le dimanche pour les Chrétiens, c'est-à-dire le
jour du repos, il doit y avoir dans chaque
maison une chambre, rendue aussi propre que
possible, dans laquelle il y a une ou deux
tables recouvertes de nappes blanches, et sur
ces tables, des candélabres de cuivre jaune,
avec plusieurs chandelles allumées. C'est le
souvenir de ce chandelier en or, muni de sept
branches, dont parle le livre du Pentateuque,
et lequel a été placé pour la première fois dans
le temple, construit par Moïse, à côté du tabernacle, de ce tabernacle qui a été confectionné
sur le modèle présenté à Moïse par Dieu lui-
même.

Le culte public se fait dans des temples, appelés synagogues, remarquables par leur simplicité toute nue. On n'y voit ni statues, ni images, pas même des bancs pour s'asseoir. Au fond de la grande salle se trouve placée sur une estrade une armoire, où sont enfermés des rouleaux en velin, sur lesquels sont écrits à la main des extraits du Pentateuque. On appelle cela la loi. On lit ces extraits au public le lundi, le jeudi et le samedi de chaque semaine; on les lit aussi les jours de fête et les jours de jeûne.

Le Juif, qui va à la synagogue pour assister aux offices, ne se contente pas d'attacher les phylactères au front et au bras; il doit encore se vêtir d'une espèce de voile blanc en laine ou en soie. C'est en portant sur lui ces deux pièces d'accoutrement, et en gardant sur la tête un chapeau, ou mieux encore un petit bonnet noir bordé de fourrure, qu'il entre dans la synagogue pour accomplir son acte d'adoration. Il se met de suite à réciter ses prières, qu'il connaît par cœur ou bien qu'il lit dans son livre, avec la même précipitation et les mêmes balancements que ceux usités dans le culte domestique, en y ajoutant de hautes intonations, répétées chaque fois qu'il arrive dans sa prière à cette phrase : « Ecoute, ô Israël; il n'y a qu'un

Dieu. » Le mélange de ces intonations poussées
par des voix différentes et a des instants variés, forme un vacarme indescriptible. La récitation des prières est la partie essentielle du
culte ; mais elle n'est pas le seul moyen d'adorer
Dieu.

—

Pour rendre à Dieu tout l'hommage qui lui
est dû, il faut à certaines époques, fixées par
le règlement, observer le jeûne et s'abstenir de
tout travail. Ces époques s'appellent fêtes. Elles
sont nombreuses, d'une durée variable, et chacune d'elles est marquée par une cérémonie
spéciale.

Les fêtes principales sont, chez les Juifs
modernes, les mêmes que celles qui ont été
instituées par Moïse. La Pâque, appelée en
hébreu « passover » est la commémoration du
repas commandé aux Israélites par Dieu lui-
même, le jour de leur fuite d'Egypte. De
même qu'alors ils ont dû, d'après l'ordre de
Dieu, manger de l'agneau rôti et des laitues
amères, et ne se servir d'autre pain que du pain
fait sans levain ; de même actuellement encore,
en célébrant cette fête, les Juifs n'osent manger
que du pain azyme, et ils se croient obligés
d'avoir sur leur table, à l'heure du repas solennel,
un plat contenant sinon du rôti d'agneau, du

moins un petit os de cet animal, entouré de quelques herbes amères.

Cinquante jours plus tard, on célèbre la fête de la Pentecôte, qui est la réminiscence du jour même où Dieu avait donné sur le mont Sinaï, au peuple hébreu la loi du Décalogue. C'est l'époque de la grande réjouissance. On décore les synagogues de guirlandes et de bouquets de fleurs ; on répand de l'acore sur le plancher.

Il y a aussi une fête désignée sous le nom de la fête des Tentes ; pendant laquelle les Israélites dressent auprès de leurs demeures des berceaux de feuillage, pour y aller prendre leur repas. C'est la ressouvenance de ce fait que leurs ancêtres, avant d'entrer dans la terre promise, durent pendant quarante ans se contenter de cette sorte de demeure et d'abri.

La plus importante de toutes les fêtes juives est la fête du Nouvel-An. C'est l'anniversaire du jour où le monde a été créé. C'est aussi l'époque où Dieu se livre à un examen sévère des bonnes et des mauvaises actions, accomplies par chaque individu pendant l'année écoulée ; c'est alors aussi que Dieu décide qui doit vivre, qui doit mourir dans l'année qui s'ouvre. C'est durant cette fête que la cérémonie du cornet joue le plus grand rôle. En honneur de Dieu, et comme pour lui faire des congratulations, on souffle dans une corne de bœuf, laquelle, coupée par le bout, fait le service de cornet. Il est du devoir de tout Israélite adulte d'entendre le son de la corne et d'être complètement à jeun depuis le matin jusqu'au moment où il saisira ce son.

Les membres de la synagogue choisis par leurs coreligionnaires se rendent à un moment donné à l'endroit désigné et soufflent dans l'instrument. Les individus qui ne résident pas dans la localité, où se trouve la synagogue, doivent se diriger du côté où la corne résonnera et doivent s'en approcher autant qu'il faut pour percevoir le son.

La fête de l'expiation, instituée par Moïse, consistait à faire durant la journée un jeûne complet et à immoler un animal sur lequel on rejetait tous les péchés du peuple. Du temps de Moïse, le grand-prêtre tuait à cette intention une génisse, et le peuple se contentait de sacrifier un bouc, que l'on emmenait hors du temple, et que l'on assommait solennellement après l'avoir surchargé de toutes les iniquités commises dans le courant de l'année. Les juifs modernes, surtout ceux de la Pologne, célèbrent cette fête en jeûnant du matin au soir, et en récitant de longues prières. Vers la tombée de la nuit, ils quittent la synagogue et s'en vont à l'écart en emportant un coq noir. Arrivés à un certain endroit, ils marmottent d'abord leurs prières, tenant tranquillement le coq à la main ; ils le lèvent ensuite au-dessus de leur tête, le font tourner neuf fois en l'air au-dessus de leur chef, le lancent et l'égorgent. — C'est leur bouc émissaire.

LE CHRISTIANISME

Le Christianisme compte 350 millions d'adeptes. Son nom lui vient du mot grec « Christos », qui signifie Oint, et qui correspond au mot hébreu « Mashiah », le Messie.

Il y a dans les livres sacrés des Israélites de nombreux passages qui leur annonçaient que Dieu se disposait à leur envoyer un grand libérateur. C'est ce qu'on appelle les prophéties, et ceux qui faisaient entendre ces prédictions, et que l'on considérait comme étant inspirés de Dieu, comme étant même les interprètes des volontés divines, étaient désignés par le nom de prophètes.

D'après les premières prophéties, ce libérateur, indiqué par le mot Shiloh, c'est-à-dire
Pacificateur, ne devait pas avoir d'autre mission
que de restituer au peuple israélite cette puissance
et cette splendeur dont il avait joui au temps
du roi David, et dont il se trouvait dépouillé
maintenant. Les prophètes qui vinrent dans
la suite des temps, allèrent dans leurs prédictions beaucoup plus loin. Ils annoncèrent que
le Sauveur, qui devait venir, ne se contenterait
pas d'assurer la paix et le bien-être au seul
peuple d'Israël, mais qu'il instruirait les nations
payennes et les amènerait à la connaissance du
Dieu adoré par les Israélites; qu'il renverserait
les temples des idoles et publierait une nouvelle
loi devant durer éternellement; qu'il devien-
drait ainsi le rédempteur du genre humain, et
devrait être considéré comme le roi des rois,
comme le fils de Dieu. Il devait naître, disaient
ces prophètes, d'une branche du roi David, et
serait oint comme ce dernier. Lui-même et son
peuple vivraient en paix, vivraient heureux et
vivraient toujours.

Mais dans le grand nombre des prophètes, il
s'en est trouvé qui ont émis une opinion toute
différente et contraire à celle-là. Ils prédisaient
que le Messie attendu naîtrait pauvre; que dans
le cours de sa vie, il se trouverait méprisé, in-

sulté, repoussé de la société, mis au rang des scélérats, et condamné à un supplice infâme ; qu'il expirerait dans des douleurs atroces, et que ce serait en se sacrifiant ainsi lui-même qu'il expierait les péchés du peuple d'Israël et reconcilierait ce peuple avec Dieu. Cette contradiction dans les deux sortes de prophéties a produit une division complète parmi les Juifs, lorsque Jésus a paru au monde, au temps et au lieu marqués par les prophètes ; lorsque réunissant sur sa personne tous les traits sous lesquels le Messie était annoncé, il a proclamé la nouvelle loi, et lorsque par sa vie et par sa mort, il a paru accomplir les prédictions. Les Israélites, alors opprimés par la domination romaine, en lutte avec leurs maîtres, et déjà en proie à des dissidences intérieures, ont formé deux partis hostiles entre eux. Les uns, reniant le vrai Messie, l'ont dénoncé aux autorités romaines comme un instigateur de révoltes, comme prétendant se faire proclamer roi d'Israël et l'ont fait mourir sur la croix. D'autres, pleins d'admiration, de confiance et d'amour pour lui, adhérèrent à sa doctrine. Ceux-ci prirent plus tard le nom de Chrétiens ; ceux-là ont continué à s'appeler Juifs et à attendre la venue d'un autre Messie.

—

Le divin fondateur du Christianisme avait choisi parmi ses disciples douze apôtres, auxquels il confia le soin de propager sa doctrine, en allant la prêcher de ville en ville. Il leur déclara que toutes les fois que, quelques hommes s'assembleraient en son nom, il serait au milieu d'eux. C'est là le germe d'une Église. Mais ce ne fut qu'après la mort de Jésus-Christ, que l'on vit se fonder des églises particulières. De Jérusalem, où commencèrent les premières prédications, la nouvelle doctrine, connue sous le nom d'Evangile, se répandit rapidement en Asie mineure, en Grèce et à Rome, et il se forma des églises de premier ordre à Antioche, à Alexandrie, à Byzance et à Rome. Ceux qui administraient ces Eglises primitives s'appelaient Patriarches.

—

La supériorité qui distinguait entre toutes ces villes la ville de Rome, laquelle formait pour ainsi dire le centre du gouvernement du monde ; cette supériorité a été la cause de la prééminence dont l'Église de Rome jouissait vis-à-vis de toutes ses congénères. Mais, lorsque au quatrième siècle de l'ère chrétienne, le siège de l'empire romain fut transféré à Byzance (Constantinople), alors il s'établit une rivalité de jalousie entre l'Église de Rome et celle de cette dernière ville. Les disputes soulevées d'abord sous des prétextes insignifiants, devenaient de plus en plus fréquentes et envenimées, jusque vers le milieu du onzième siècle. Vers ce temps, le pape de Rome envoya des légats au patriarche de Constantinople, pour lui proposer des conditions de réconciliation ; mais ces propositions furent repoussées. Alors les légats romains déposèrent sur le grand autel de l'église de Sainte-Sophie l'acte d'excommunication, et dès-lors non-seulement l'accord disparut entre les deux Églises, mais toutes les communications cessèrent entre elles.

Depuis cette époque, la Chrétienté s'est trouvée divisée entre deux grands rameaux : l'Église latine et l'Église grecque.

—

L'Église latine, ou comme elle se fait appeler l'Église catholique, apostolique, romaine, étendait son autorité et son influence sur une grande partie de l'Occident ; elle croissait en importance et s'enrichissait. Au faîte de sa prospérité le pape de Rome fut le vrai autocrate de toute la Chrétienté occidentale. Les peuples et les rois tremblaient devant ses décrets, et obéissaient aveuglement à ses volontés suprêmes. Comme conséquence naturelle d'un tel état des choses, des abus nombreux commencèrent à se glisser dans cette Église. Plusieurs de ses membres, aussi influents qu'honnêtes et éclairés, s'apercevant de la mauvaise tournure que prenaient les affaires de la papauté, s'en plaignaient hautement et amèrement.

Malgré ces récriminations et ces réclamations, toutes les réformes proposées par les uns et par les autres furent systématiquement ajournées. Les maux de l'Eglise loin de cesser s'accrurent rapidement. Au commencement du seizième siècle parurent quelques hommes appelés réformateurs, qui jetèrent tout haut la condamnation sur les abus de l'Eglise romaine et s'en séparèrent ouvertement. A la suite de ce mouvement s'éleva une nouvelle Eglise, sous le nom d'Église protestante ou réformée ; dès lors toute la chrétienté se trouva divisée en trois groupes principaux : l'Église latine, l'Église grecque, l'Église protestante.

—

L'Église latine forme presque la moitié de la chrétienté ; elle compte 185 millions d'adeptes ; tandis que l'Église grecque n'en a que 75 millions et l'Église réformée ou protestante 98 millions.

—

Mais c'est un fait remarquable que sous le rapport des lumières et du bien-être matériel

des pays chrétiens, on peut se représenter une
petite échelle, dont le plus haut degré appartient aux nations chez lesquelles la religion
réformée est dominante ; l'échelon inférieur, aux
pays qui professent en majeure partie la religion grecque, et la place intermédiaire, à des
pays qui sont presque exclusivement catholiques.

La France est le seul pays qui fasse exception à cette règle. Bien que la grande majorité
de ses habitants soit catholique, la France a
toujours été regardée comme la plus éclairée,
la plus prospère, la plus respectable de toutes
les nations de la terre.

———

Il est bien difficile de donner une idée claire
et juste de ce qu'est le Christianisme à l'heure
actuelle. Il n'est pas aisé de préciser ses
dogmes et de retracer les formes de son culte,
car chacune des trois grandes Eglises laissait
de temps en temps surgir de son sein des con-
grégations dissidentes, comme de petites Eglises
secondaires, qui modifiaient selon leur idée et selon leur goût, non-seulement les pratiques du
culte, mais aussi les dogmes primitifs. Il en est
résulté, que la Chrétienté se trouve de nos jours
éparpillée en une foule de sectes religieuses,
dont les unes cherchent à se rapprocher de

l'enseignement apostolique, d'autres s'en éloignent; les uns prospèrent et se multiplient; les autres décroissent et semblent près de disparaître.

———

Ce qui dans cette diversité d'opinions constitue le lien commun de toutes les Eglises chrétiennes, grandes et petites, ce sont les quelques dogmes tirés du Pentateuque et des quatre Evangiles.

On désigne par le mot grec Pentateuque les cinq livres de la loi écrits par Moïse, et sous le nom des Evangiles, on entend le recueil des quatre livres qui contiennent la vie et la doctrine de Jésus-Christ. L'un et l'autre de ces deux livres, que l'on croit écrits sous l'inspiration du Saint-Esprit, et que l'on appelle à cause de cela les livres sacrés de la nation juive, sont devenus l'héritage de la chrétienté. Ils y sont connus sous le nom de la Bible, divisée en deux parties : l'Ancien et le Nouveau-Testament. Les dogmes dont il est question sont les süivants.

———

Il n'y a qu'un seul Dieu, créateur, gouverneur et maître du monde. Ce Dieu a mis six jours à créer le monde et s'est reposé le septième. Il avait créé en même temps le premier couple humain, des anges et des démons. — Le premier homme et la première femme n'ont pas été longtemps à désobéir à Dieu et à commettre ainsi le péché. Dieu les en a punis, en les vouant à toutes les misères, eux-mêmes et toute leur progéniture ; en rendant le futur genre humain responsable de la faute de ses premiers parents. Mais, quelques temps après, Dieu conçut dans sa miséricorde un plan digne de sa sagesse et de sa bonté infinie : il prit la résolution d'envoyer sur la terre dans la plénitude des temps son fils unique, afin que celui-ci devienne le rédempteur et le sauveur du genre humain. Ce fils de Dieu, égal à Dieu, descendit sur la terre, et unissant dans sa personne la nature humaine avec la nature divine, vécut de la vie de l'homme, dans la pauvreté et l'humiliation ; se laissa charger d'opprobres, endura les affronts ; accepta les souffrances ; permit même qu'on le fît mourir sur la croix. Ce fut par ce sacrifice que Jésus-Christ s'assuma la faute d'Adam et racheta l'humanité. Le troisième jour après sa mort, enseveli et déposé dans le tombeau, il ressuscita, monta au ciel, où il s'assit à droite de Dieu son père, pour y exercer une autorité souveraine ; pour être le juge de nos mérites et de nos démérites ; pour être aussi notre médiateur devant le Père céleste ;

—

Il y aura une fin du monde. En ce temps-là tout le genre humain ressuscité sera soumis à un jugement général, à la suite duquel les uns iront au Paradis et les autres en Enfer.

—

Voilà le sommaire des dogmes auxquels doit croire à l'heure actuelle chaque adepte de la religion chrétienne, à quelque confession qu'il appartienne ; voilà aussi ce qui constituait la foi de la chrétienté primitive :

Le culte correspondant à cette croyance se bornait à l'origine à réciter les psaumes et à chanter des hymnes qui glorifient Dieu, et à observer le sabbat, à pratiquer la circoncision, à sanctifier les jours de quelques grandes fêtes, à s'abstenir de manger de certaines viandes, à faire en un mot tout ce qu'ordonnait la loi mosaïque, et surtout à pratiquer les vertus de l'humilité, de l'abnégation, du dévouement, de la charité et de l'amour du prochain ; car Jésus-Christ avait cent fois proclamé et montré par son exemple que la miséricorde valait mieux que toutes les offrandes.

Quant aux Sacrements, les premiers chrétiens n'en pratiquaient que deux : le Baptême et l'Eucharistie. Ce dernier consistait en la participation au même morceau de pain et à la même coupe. Ce rite était célébré à chaque occasion importante de la vie. Il signifiait une sorte de communion, de ralliement, de confraternité.

LE CATHOLICISME

L'ÉGLISE CATHOLIQUE, APOSTOLIQUE, ROMAINE

Toute la partie dogmatique de la doctrine catholique se trouve exprimée et contenue dans la profession de foi, appelée Credo de Pie IV, et qui a été publiée en 1564 à l'issue du dernier concile de Trente. La voici :

« Je crois en un Dieu, tout puissant, créateur du ciel et de la terre, et de toutes les choses visibles et invisibles.

« Je crois au seigneur Jésus-Christ, fils unique de Dieu, créé du père avant tous les temps, Dieu en Dieu, lumière des lumières, vrai Dieu, consubstantiel au père, par qui toutes les choses ont été faites, qui pour nous les hommes, et pour notre salut est descendu du ciel, a été incarné par le Saint-Esprit dans la vierge Marie et fait homme. Il a été aussi crucifié pour nous, sous Ponce-Pilate ; il a souffert et fut mis en terre. Et le troisième jour il ressuscita, selon la Sainte-Écriture ; il monta au ciel ; il s'y est assis à la droite du père ; il reviendra avec gloire pour juger les vivants et les morts. Son règne n'aura plus de fin.

—

« Je crois au Saint-Esprit, Seigneur, qui donne la vie ; qui procède du père et du fils ; qui, avec le père et le fils est adoré et glorifié ; qui a parlé par la bouche des prophètes.

« Je crois en la sainte Église catholique et apostolique.

—

« Je professe que le baptême sert à la rémission des péchés, et je m'attends à la résurrection des morts et à la vie future. Amen.

—

« J'admets et j'embrasse fermement les traditions apostoliques, ecclésiastiques et toutes les autres observations et constitutions de la même Eglise.

« J'admets aussi les saintes Ecritures, selon le sens que leur donne et leur a donné notre sainte mère l'Eglise ; car c'est à elle qu'il appartient de juger du véritable sens et de la véritable interprétation des Ecritures ; et je ne l'entendrai ni l'interpréterai autrement que suivant le consentement unanime des Pères.

———

« Je confesse qu'il y a vraiment et réellement sept Sacrements de la nouvelle loi, institués par Jésus-Christ notre seigneur, et pour le salut du genre humain ; quoique tous ne soient pas nécessaires à chacun ; c'est à savoir : le Baptême, la Confirmation, l'Eucharistie, la Pénitence, l'Extrême-Onction, l'Ordre sacerdotal et le Mariage ; qui confèrent tous la grâce, et entre lesquels le Baptême, la Confirmation et l'Ordre ne peuvent être réitérés sans sacrilège.

———

« Je reçois et j'admets aussi les cérémonies reçues et approuvées par l'Eglise catholique dans l'administration des dits Sacrements.

———

« J'accepte et je respecte toutes ensemble, et chacune séparément, les choses qui ont été déclarées et définies dans le saint Concile de Trente, concernant le péché originel et la justification.

———

« Je confesse pareillement, que dans la

messe, il est offert à Dieu un sacrifice propitia-
toire, véritable et réel, pour les vivants et pour
les morts ; et que dans le très saint Sacrement
de l'Eucharistie il y a réellement et substantiel-
lement le corps, le sang, l'âme et la divinité de
Notre Seigneur Jésus-Christ ; et qu'il s'y opère
la conversion de toute la substance du pain en
son corps, et de toute la substance du vin en
son sang ; laquelle conversion est appelée dans
l'Eglise catholique du nom de transubstantia-
tion.

———

« Je maintiens constamment qu'il y a un
Purgatoire ; et que les âmes, qui y sont déte-
nues, trouvent dans les prières des fidèles un
allègement et un secours.

———

« Je professe également que les saints, qui
règnent conjointement avec le Christ, doivent
être vénérés et invoqués ; qu'ils offrent à
Dieu leurs prières pour nous ; que leurs reliques doivent être honorées et conservées. —

———

« J'atteste le plus fermement que les images
du Christ, celles de la mère de Dieu, toujours
vierge, et les images des saints doivent être
gardées et doivent recevoir l'honneur et la vénération légitimes.

———

« J'affirme aussi que Jésus-Christ a laissé à l'Eglise le pouvoir des indulgences ; que l'Eglise, en appliquant ces indulgences, rend au peuple un bienfait très salutaire.

—

« Je reconnais la sainte Eglise catholique, apostolique, romaine, comme la mère et la maîtresse de toutes les Eglises ; je promets la vraie obéissance à l'Evêque de Rome, successeur de saint Pierre, prince des apôtres et le vicaire de Jésus-Christ.

« J'accepte aussi sans hésitation toutes les autres choses qui ont été déclarées, définies et livrées au monde, particulièrement par le saint Concile de Trente ; et je condamne, je repousse, j'anathématise toutes les choses contraires à ses décisions, ainsi que toutes les hérésies rejetées, condamnées et anathématisées par elle.

« Je professe librement et j'adopte sincèrement cette véritable foi catholique, en dehors de laquelle nul homme ne peut être sauvé ; et je promets de reconnaître et de retenir constamment cette même foi, entière et inaltérée, par l'aide de Dieu, jusqu'à la fin de ma vie. »

—

Cette exposition de la foi catholique, ce Credo, comme on l'appelle, formulé au seizième siècle, a été maintenu intégralement jusqu'à nos jours.

Dans l'intervalle de trois siècles, on y a ajouté trois dogmes nouveaux, entre autres celui de l'Immaculée Conception de la vierge Marie.

—

Le culte catholique consiste dans l'accomplissement de ce qu'on appelle les commandements de l'Eglise, et qui sont au nombre de six :

—

1° Sanctifier les jours de fêtes :

La Chrétienté primitive avait cru avoir de bonnes raisons pour substituer les dimanches aux samedis pour les jours de repos, que les Israélites désignaient par le mot sabbat, ce qui veut dire le jour de joie.

La fête juive Passover a été remplacée chez les Chrétiens par deux fêtes nouvelles ; l'une en commémoration de la mort de Jésus ; l'autre en réminiscence de sa résurrection. La fête de la Pentecôte a été conservée comme l'anniversaire de l'inauguration de la nouvelle loi ; de la publication des dix commandements de Dieu donnés par lui-même sur le mont Sinaï. Dans le commencement du quatrième siècle, on a introduit deux nouveaux jours de fête : celui de Noël et celui de l'Epiphanie. La première de ces deux fêtes marquait l'époque de la naissance de Jésus-Christ ; la deuxième devait rappeler aux croyants l'apparition du Christ aux gentils.

—

Dans la suite des temps, on a ajouté à cette liste plusieurs autres fêtes en l'honneur du Christ. Le culte de la vierge Marie, comme mère de Dieu, ne put manquer de recevoir son expression dans la consécration en son honneur de plusieurs jours. On a institué les fêtes de l'Annonciation, de la Visitation, de l'Immaculée Conception, de l'Assomption, de la Nativité, de Sept Douleurs, etc., pour toutes les circonstances glorieuses de la vie de Marie, mère de Dieu. — Survint ensuite le tour des anges, des apôtres, des saints, des martyrs, auxquels on a assigné certains jours de l'année pour leur rendre des hommages spéciaux.

—

Dans le principe, toutes ces fêtes ont été célébrées avec simplicité et avec une piété naïve ; mais elles atteignirent peu à peu un tel degré de pompe et de splendeur, qu'elles parurent surpasser les fêtes payennes des Grecs et des Romains. La musique, les processions, les représentations plus ou moins mondaines en sont devenus partie presque intégrante. Il était de rigueur, qu'à chacun de ces jours fériés, on devait s'abstenir sinon de tout travail quelconque, du moins de son travail habituel.

—

2° Le second commandement de l'Eglise

ordonne d'aller entendre pieusement la messe.
La messe est la partie essentielle du culte
catholique. C'est un rite, qui, tel qu'il est actuellement, a été institué au commencement du
XII° siècle. C'est un sacrifice expiatoire, dans
lequel Jésus-Christ, qui s'offrit une fois, d'une
manière sanglante, pour les péchés des vivants
et des morts, s'offre de nouveau, d'une manière
non sanglante, pour les péchés des vivants et
des morts qui sont dans le Purgatoire.

—

La messe se compose de prières, de leçons
données au peuple et tirées des épîtres apostoliques ; d'extraits d'évangiles, de morceaux
des psaumes, d'hymnes, de l'offertoire et de
l'offrande. Le pain et le vin employés dans la
messe, dès qu'ils sont consacrés par le prêtre
officiant, sont par la puissance divine, changés
en le vrai corps de Jésus. C'est pour cela qu'on
donne à ce pain le nom d'hostie, ce qui signifie
victime. Parmi les prières qui entrent dans la
composition d'une messe, les unes sont fixes,
ne variant jamais ; d'autres changent avec le but
pour lequel on les lit. Il y a des messes de
l'Avent, du Carême, de la Semaine-Sainte, des
Quatre-Temps, de la Toussaint et une foule
d'autres. Il y a aussi des messes votives, à toute
intention, pour toutes les âmes du Purgatoire,

ou pour l'âme seule d'un défunt. Il y a des messes de mariage ; des messes pour la prospérité des récoltes. Il y a des messes basses et des grand'messes.

———

Pour célébrer la messe, le prêtre met sur lui-même six pièces de vêtement, dont deux sont faites de lin, et les quatre autres de soie. La pièce extérieure, qui est en soie brodée, et qui porte le nom de chasuble, doit être de couleur appropriée à l'occasion : blanche ou noire, rouge, verte ou violette. Lorsque c'est un évêque qui doit célébrer la messe, il y a d'autres pièces de vêtement. L'évêque, au lieu de la chasuble met la chape ; il se couvre la tête d'une espèce de coiffure appelée mitre ; il porte des gants et se chausse de sandales ; il tient une crosse à la main.

———

3e et 4e commandements imposent le devoir de recevoir les Sacrements de Baptême et de Confirmation, une seule fois dans la vie ; de recevoir aussi le Sacrement de la Pénitence, qui comprend la Confession et l'Eucharistie, au moins une fois par an, dans le temps pascal.

———

5e et 6e. — Les cinquième et sixième commandements sont ceux qui ordonnent aux fidèles le jeûne à certains jours de l'année, et qui prescrivent d'observer le régime maigre aux époques que l'Eglise a fixées, convaincue qu'elle a été, que l'abstention de certains mets à de certains jours, devient une action méritoire, conduisant au salut de l'âme. Il y a eu dans le cours des siècles beaucoup de controverses à propos de la question du jeûne et du régime maigre. On leur a mis fin, en statuant qu'il fallait suivre le régime maigre chaque vendredi de l'année ; qu'il fallait faire de même à la veille de certains jours de fêtes, comme, par exemple, celle de la Sainte Vierge Marie, et la veille des quatre fêtes solennelles, savoir : Noël, Pâques, Pentecôte et Toussaint. Il a été en outre décidé, que pendant le Carême il fallait faire maigre pendant trois jours de la semaine : le mercredi, le vendredi et le samedi. Par le mot régime maigre, on désignait le droit de manger du lait, du beurre, du fromage, des œufs et toutes sortes de poissons, de même que tout autre aliment, à l'exception de la viande des animaux et des oiseaux. Cependant les oiseaux aquatiques comptent parmi les objets faisant partie du régime maigre.

—

Outre ces grandes manifestations, qui constituent le culte catholique, il y a encore d'autres cérémonies de moindre importance, mais ayant toujours un mérite considérable, telles, par exemple, que de faire le signe de la croix devant chaque croix, devant l'image de la Sainte Vierge Marie ; de réciter l'Ave Maria lorsqu'on entend sonner l'Angelus ; de réciter le chapelet, et de faire un pèlerinage aux endroits renommés par quelque miracle.

—

Le clergé catholique se divise en séculier et en régulier. Le premier comprend les grands dignitaires, tels que les primats, les cardinaux, les archevêques et les évêques, qui ont sous leur dépendance les prêtres attachés aux églises paroissiales et autres, tels que les chanoines, les curés et les vicaires. Tous les membres de cette classe vivent d'une vie libre dans le monde et se mêlent à la société. Le clergé régulier se compose de communautés, dont le nombre est considérable, et qui se distinguent les unes des autres par leur règle de vie plus ou moins austère et par leurs costumes variés. Ces réguliers vivent dans les couvents et sont plus ou moins isolés de la société.

—

Le gouvernement de l'Eglise catholique a pour chef le pape qui doit être élu par les cardinaux et parmi eux. C'est le pape qui crée les cardinaux, confirme les évêques et assemble les conciles.

Tout le clergé catholique, sans aucune exception, est astreint au célibat. Il est à remarquer, que dans la célébration de tout le culte, on se sert de la langue latine, une langue incompréhensible à la presque totalité des assistants.

A l'exception des évêques et de ceux qui sont au-dessus d'eux et qui portent un costume particulier, tous les membres du clergé séculier s'habillent uniformément de robes noires appelées soutanes.

L'ORTHODOXIE

L'Eglise grecque ou l'Eglise d'Orient, l'Eglise orthodoxe, comme elle s'intitule, a été pendant dix siècles confondue avec l'Eglise latine ; il n'y a donc pas lieu d'être étonné de la similitude qui existe dans la plupart de leurs institutions.

L'Eglise grecque s'accorde avec l'Eglise romaine sur le dogme de la Trinité et sur celui de l'Incarnation, ainsi que sur la nécessité d'admettre pour base de la foi non-seulement la Bible et les apocryphes, mais aussi la tradition. Toutes les deux aussi sont d'accord quant au nombre des Sacrements ; mais elles diffèrent déjà dans les rites à employer lors de l'administration de ces Sacrements.

—

Pendant le Baptême, chez les catholiques, on verse sur le sujet, qui doit être baptisé, une très petite quantité d'eau bénite, et tandis qu'on la fait couler d'une petite fiole, on fait avec cet écoulement le signe de la croix. Chez les Grecs, on plonge l'enfant à baptiser à trois reprises successives dans l'eau bénite d'avance pour l'occasion. Le Sacrement de la Confirmation ne s'administre chez les catholiques qu'à ceux qui ont déjà fait la première communion, et ce n'est que l'évêque qui a le pouvoir de l'administrer. Chez les Grecs, la Confirmation vient immédiatement après le Baptême ; elle peut être appliquée même au plus jeune enfant ; et c'est le prêtre, qui le baptise, qui la lui administre. Quant au Sacrement d'Eucharistie, l'Eglise catholique, pour l'administrer, se sert de l'hostie ; dans l'Eglise grecque on donne au communiant du pain ordinaire, fait avec du levain. Chez les catholiques, on n'admet à la communion que

les adultes ; que. ceux qui viennent de se confes-
ser. On ne leur donne seulement que la sainte
hostie ; chez les orthodoxes communient même
les plus jeunes enfants, et on leur donne à
manger le pain et à boire le vin, qui tous deux
ont été consacrés. Lorsqu'il s'agit d'administrer
l'Extrême-Onction chez les Catholiques, un seul
prêtre suffit à la besogne ; chez les Grecs il
faut qu'il y ait au moins deux prêtres, réunis
pour la cérémonie de ce Sacrement.

—

Les deux Eglises diffèrent beaucoup par rapport au Sacrement du Mariage ; l'Eglise catholique impose le célibat à tous les membres de
son clergé, tandis que l'Eglise grecque partage
à ce sujet tout le corps clérical en deux classes
distinctes. A toute la classe des moines, elle
ordonne le célibat, et à celle des prêtres sécu-
liers elle commande le mariage.

—

L'Eglise grecque ne se prononce pas sur. le
sort des âmes après la mort. Elle n'admet pas
comme le croit l'Eglise catholique, qu'il y ait un
Purgatoire, où l'on se purifie par le feu ; mais
elle croit qu'il y a pour les âmes des morts un
état intermédiaire, où elles attendent leur desti-
nation définitive. Dans cette conviction elle fait

dès prières pour ses défunts comme le font les catholiques.

—

Elle admet aussi l'intercession des saints et la nécessité pour nous de la leur demander ; mais, outre quelques saints, qui lui sont communs avec l'Eglise romaine, elle en a de sa propre création. Elle ne permet pas d'étaler dans ses sanctuaires des statues et des images de saints ; mais elle ne défend pas aux fidèles de suspendre dans l'intérieur de leur demeure l'image de tel ou tel saint, choisi pour être le patron de la famille ; elle ne défend pas non plus d'orner cette image de pierreries, de faire brûler devant elle un cierge ou une lampe, de lui faire des actes d'adoration, de lui adresser des prières et des invocations.

—

Le culte de la Sainte Vierge, mère de Dieu, est, à peu de chose près, le même dans les deux Eglises. Toutes les deux ont la même opinion sur l'étendue du pouvoir de cette Sainte dans le Ciel, et de l'importance de son intercession en notre faveur. Les Grecs comme les catholiques croient fermement que la Sainte Vierge est l'avocate des pécheurs, le refuge des malheureux, la rédemptrice du genre humain, et la reine des cieux. Tout se fait par elle, et rien ne

se fait sans elle. Par elle on peut tout demander
à Jésus-Christ ; celui-ci ne peut rien refuser à
sa mère. Aussi, dans l'une comme dans l'autre
de ces deux Eglises, il y a de nombreuses fêtes
instituées en l'honneur de la très Sainte Marie.

—

Les Grecs n'admettent pas la doctrine catholique concernant les indulgences. Ils rejettent
complètement ce dogme.

—

La célébration de la messe forme la partie
essentielle du culte des deux Eglises dissidentes,
mais le cérémonial en est bien différent. Le prêtre
catholique se revêt de la chasuble ; le prêtre
grec met sur lui-même la chape. Dans l'Eglise
catholique, on se sert pendant la messe de la
langue latine, en quelque pays que ce soit ;
dans l'Eglise grecque, le prêtre, célébrant la
messe, emploie l'idiome de la nation au milieu
de laquelle il se trouve, et pour laquelle il rem-
plit sa fonction. Chez les catholiques, on
chante pendant les offices et on joue de la
musique instrumentale ; chez les Grecs on se
contente seulement de psalmodier. Ceux-là ont
dans leurs églises des chaises et des bancs sur
lesquels l'on peut s'asseoir à volonté ; ceux-ci
sont obligés de se tenir toujours debout. A la
Pentecôte même, ils doivent, en assistant à la

messe, se tenir agenouillés. Les peuples catholiques savent lire pour la plupart, et ils lisent pendant les offices des livres de prières, dont ils possèdent d'ailleurs une quantité innombrable.

Les peuples, qui professent la religion grecque, sont presque tous illettrés. Ils se contentent, lorsqu'ils assistent aux offices, de répéter constamment leur Pater, et de faire sans cesse des signes de croix.

—

L'Eglise grecque enseigne que le régime maigre, c'est-à-dire l'abstention, non-seulement de la viande, mais aussi des œufs et du laitage, est un acte de piété très méritoire et très puissant pour assurer à l'homme le salut de son âme. Elle proclame que c'est un devoir de religion et même un des plus importants. Sous le rapport de l'abstention, les adeptes de l'Orthodoxie surpassent même de beaucoup les Catholiques ; car ils ne comptent pas moins de deux cents jours dans l'année, où ils se croient obligés de jeûner de cette manière. Non contents de s'abstenir de toute chair et de l'usage du lait, chaque mercredi et chaque vendredi d'un bout de l'an à l'autre, ce qui fait déjà plus de cent jours maigres, ils se condamnent à observer ce même régime maigre chaque jour de la semaine

pendant toute la période de l'Avent, pendant
celle du Carême, ainsi qu'à la veille de certaines
fêtes, en l'honneur de la Mère de Dieu (Vigile).

———

L'Eglise grecque s'intitule elle-même la sainte
Eglise orthodoxe et apostolique. Avant la con-
quête mahométane, elle étendait son autorité
sur une grande partie de l'Europe orientale, sur
la Grèce, sur le Péloponèse, sur l'Asie mineure,
sur l'Arabie, sur l'Egypte et sur une partie de
la Perse. Mais déjà le premier triomphe des
armées mahométanes lui a fait perdre tout son
territoire en Asie et en Afrique. Depuis la con-
quête de Constantinople par les Turcs, l'Eglise
orthodoxe est tombée dans un état de grande
faiblesse et de dure dépendance. A l'heure
actuelle elle compte environ 80 millions d'adhérents, et au lieu de former un seul corps, elle
présente trois divisions ou trois Eglises distinctes ; à savoir : l'Eglise greco-turque, l'Eglise
greco-russe et l'Eglise de la Grèce proprement
dite.

———

Dans l'Eglise greco-turque, c'est le patriarche
de Constantinople qui en est le chef. Ce patriarche
possède le titre de pacha à trois queues ; mais la
Porte, en lui attribuant cette distinction honorifique, s'est réservée le droit de le faire rem-

placer par un autre ou même de le révoquer entièrement, lorsque le sultan l'ordonne, de manière que le sort de ce patriarche repose sur le caprice du chef de l'Etat.

En Russie comme en Grèce l'Eglise est gouvernée par le synode, lequel lui-même est sous la dépendance du souverain régnant.

LE PROTESTANTISME

Le Protestantisme est une secte religieuse qui a surgi en Allemagne dans la première moitié du XVIe siècle, qui s'est détachée du Catholicisme et s'est constituée en une Eglise indépendante. Le promoteur du schisme était un moine saxon, appelé Martin Luther, et la triste occasion de la séparation a été la vente publique des indulgences papales. Le point sur lequel la nouvelle Eglise resta d'accord avec l'Eglise romaine, fut la croyance que Dieu a parlé, qu'il s'est révélé aux hommes par les prophètes et par son fils Jésus-Christ. La révélation, au dire des protestants, est contenue dans les livres de l'Ancien et du Nouveau-Testament. Ces livres sont de Dieu ; ils ne contiennent rien qui ne soit la vérité elle-même.

—

Mais l'Eglise romaine déclare que ces livres, qui constituent ce qu'on appelle la Sainte-Ecriture, ne contiennent pas tout ce qui est nécessaire à l'homme de connaître, de croire et de pratiquer pour arriver au salut ; en outre elle affirme que la tradition orale, c'est-à-dire l'enseignement du Sauveur et de ses Apôtres, lequel ne fut pas écrit, mais transmis de bouche en bouche et recueilli plus tard, dans les écrits des Pères, dans les décrets des conciles, dans les bulles des papes ; que tous ces enseignements ont une autorité, sinon supérieure, au moins égale à celle de la Sainte-Ecriture elle-même. L'Eglise catholique soutient encore qu'elle seule possède la véritable intelligence des Ecritures divines.

L'Eglise protestante prétend, au contraire, que l'Ecriture-Sainte, à laquelle elle donne le nom de parole de Dieu, est parfaite ; qu'elle contient tout ce qui est essentiel au salut des âmes ; qu'il n'y a rien à ajouter, rien à en retrancher, elle affirme qu'il n'appartient à aucun homme, à aucune réunion d'hommes, quel que soit le titre honorifique qu'ils portent, de fixer d'une manière infaillible le sens des Saintes Ecritures ; que ce pouvoir appartient à Dieu seul ; que tous les hommes, ceux-là mêmes qui sont le moins cultivés, peuvent par le secours du Saint-Esprit comprendre la révélation, ou du moins la comprendre autant qu'il faut pour arriver à la connaissance de la vérité et au salut.

—

C'est en lisant la Parole de Dieu, en sondant les évangiles et les épîtres, qu'on apprend par soi-même, disent les protestants, ce qu'est la vérité et ce qui ne l'est pas. C'est là qu'on s'aperçoit et qu'on acquiert la preuve qu'il existe en beaucoup d'endroits une contradiction palpable, flagrante, absolue entre ce qu'enseigne la parole de Dieu, et ce que commande dans plusieurs circonstances l'Eglise catholique. Et, comme il est impossible d'admettre que Dieu, qui est la vérité même, puisse se contredire, donner un commandement dans sa parole écrite et en donner un autre directement contraire dans sa parole non écrite ou tradition-nelle, il est évident que les enseignements qui n'ont d'autre autorité que celle qui leur est donnée par la tradition, sont des commande-ments de l'homme et non des commandements de Dieu. — C'est d'après ce raisonnement que les protestants se croient fondés à ne recevoir pour unique règle de foi que la Sainte-Ecriture, à n'accorder qu'à ce livre seul une autorité souveraine. Ils se persuadent qu'ils doivent accomplir tout ce qu'elle prescrit et repousser tout ce qu'elle condamne.

Quoi qu'il en soit sous ce rapport, voici les différences principales qui séparent l'Eglise protestante de l'Eglise catholique.

—

1° L'Eglise catholique romaine a une hiérarchie, c'est-à-dire un ensemble et un ordre déterminés de dignités ecclésiastiques. Elle enseigne, d'après la tradition, que Jésus-Christ a établi sur la terre un vicaire, et qu'il l'a revêtu de sa toute-puissance. Ce vicaire, ce chef, qui avait pris Rome pour sa résidence, porte le nom de Pape ou de Souverain-Pontife, ou encore de Très-Saint-Père. Il a sous sa dépendance immédiate les cardinaux, les archevêques et les évêques, auxquels sont soumis à leur tour, les chanoines, les doyens, les curés et les vicaires.

L'Eglise protestante est sous ce rapport divisée en trois sections : le Luthéranisme, l'Anglicanisme et le Calvinisme. Dans les pays où le Luthéranisme est la religion dominante, de même qu'en Angleterre, il y a des évêques et des archevêques ; mais c'est le souverain régnant qui y est considéré comme le chef de l'Eglise. C'est le roi ou l'empereur qui nomme les dignitaires et qui les révoque, à son plaisir ; c'est lui aussi qui règle la foi et les dogmes, qui peut modifier la lithurgie, prescrire le jeûne public et prononcer l'excommunication. Dans le Calvinisme, qui s'appelle aussi l'Eglise évangélique réformée, il n'y a pas de supérieur au point de vue spirituel. Il n'y a que des pasteurs, et tous les pasteurs ont le même pouvoir. Les présidents des consistoires et les inspecteurs n'y ont d'autre mission que celle de veiller à la discipline et d'administrer les affaires que peut avoir leur Eglise avec l'autorité civile.

2° L'Eglise catholique soutient qu'elle est la seule Eglise véritable et infaillible ; que hors d'elle il n'y a point de salut.

L'Eglise protestante soutient que la véritable Eglise est là où la parole de Dieu est annoncée dans sa pureté, et où les Sacrements sont administrés selon l'institution de Jésus-Christ. Quant au dogme de l'infaillibilité, qui consiste à croire qu'on ne peut se dédire lorsqu'on s'aperçoit qu'on s'est trompé, l'Eglise prostestante repousse cette prétention de Rome, qui avait laissé faire la Saint-Barthélemy, qui a toléré l'Inquisition, et qui, au nom des maximes religieuses, abandonnait au martyre de pauvres victimes.

3° L'Eglise romaine, se basant sur une tradition qui n'a reçu force de loi qu'au XI° siècle, enseigne que le mariage des prêtres est une souillure et un sacrilège ; elle ordonne le célibat à tout son clergé.

L'Eglise protestante rejette ce dogme parce qu'elle le trouve contredit par plusieurs déclarations faites dans les épîtres, telles par exemple que celle-ci : « Le mariage est honorable entre tous. » — « L'interdiction du mariage et des viandes est une doctrine diabolique. » D'ailleurs, il est dit positivement que saint Pierre, le premier pape, était marié, que d'autres évêques étaient aussi mariés.

———

4° L'Eglise catholique enseigne qu'à de certains jours, désignés par elle, les fidèles doivent s'abstenir de manger de la viande, et que l'on commet un grand péché si on ne le fait point, à moins qu'on n'en ait obtenu la dispense.

L'Eglise protestante ne connaît ni jours gras ni jours maigres ; elle laisse à ses adhérents la liberté de manger tout ce qui leur convient, pourvu que ce ne soit pas contraire au maintien de la santé.

———

5° L'Eglise romaine rend un culte à la vierge Marie, qu'elle appelle la Reine des Cieux, et

qu'elle tient pour le plus influent de tous nos
intercesseurs auprès de Dieu. On avait commencé
par instituer quelques fêtes particulières en son
honneur. On avait ensuite décidé que tous les
samedis de l'année seraient des jours consacrés
à la vénération de Marie ; on en est venu à
statuer que tout le mois de mai, mois des
fleurs, serait consacré à Marie, mère de Dieu.
Le culte de Marie, qui consiste à se prosterner
devant ses autels et ses images, à réciter l'Ave
Maria, à lui adresser des prières, a pris dans
ces derniers temps une si grande extension
qu'il semble supplanter tout autre culte. L'Eglise
catholique se proclame volontiers l'Eglise de
Marie.

L'Eglise protestante nie la légitimité de ce
culte pour deux raisons : d'abord parce que la
parole de Dieu écrite se tait entièrement sur les
attributs et les dignités de Marie, et ne renferme
aucun commandement touchant ce culte.

La parole de Dieu paraît même défendre
expressément ce culte ; car elle dit : « Il n'y a
qu'un médiateur entre Dieu et les hommes,
Jésus-Christ, homme-Dieu, qui s'est donné en
rançon pour tous. »

« Il n'y a point de salut en aucun autre qu'en
Jésus-Christ. » Il est évident ensuite, disent les
protestants, que Jésus-Christ se serait expliqué

7

d'une manière claire et positive, s'il eût voulu que l'Eglise rendît un culte quelconque à sa mère. Dans l'Eglise protestante, on honore la mère de Jésus, mais on ne lui rend aucun culte; on ne lui adresse aucune prière.

6° Dans le Catholicisme, on rend aussi le culte aux anges et aux saints ; on vénère les statues, les images et surtout les reliques de ces derniers.

Dans le Protestantime, on condamne formellement ce culte. L'Eglise protestante bannit les reliques, les statues et les images ; elle interdit les cierges, les bannières, l'encens et l'eau bénite. Toutes ces pratiques, d'après son opinion, tirent leur origine du culte des païens ; elles sont condamnées par la parole de Dieu et par les déclarations des docteurs de l'Eglise chrétienne primitive.

7° L'Eglise catholique enseigne qu'il y_eut des saints, qui, pendant leur séjour sur la terre, firent plus de bien qu'il n'en fallait pour leur propre salut. Ces bonnes œuvres, parmi lesquelles doivent être comptés les aumônes, les pèlerinages, les vœux monastiques, les prières, l'audition de la messe et la confession ; toutes ces œuvres méritoires, auxquelles on donne le nom d'œuvres surérogatoires, forment un surplus, que l'on joint aux mérites de Jésus-Christ et de la Sainte Vierge Marie ; ce qui constitue en quelque sorte le trésor spirituel de l'Eglise. Il a été décidé par des conciles que l'Eglise peut et doit disposer de ce fonds de réserve, en distribuant cet excédant du bien des uns aux autres, en en faisant bénéficier ceux qui, après avoir fait tous leurs efforts, n'ont pas réussi à remplir la mesure de bonnes œuvres, mesure nécessaire pour arriver à leur salut. C'est ce qu'on appelle les indulgences. Or, l'Eglise catholique enseigne que le pape, étant chef de l'Eglise, a le pouvoir d'accorder des indulgences qui sont de deux sortes : les indulgences plcinières et les indulgences partielles. Par les premières, on entend la rémission générale de toute la peine temporelle pour tous les péchés qui ont été commis par l'individu. L'indulgence partielle est la rémission d'une partie seulement de cette peine. Il y a des indulgences de 30 jours, de 7 ans, etc., etc.

L'Eglise protestante repousse la doctrine des indulgences. Elle s'appuie sur la parole de Dieu d'après laquelle « le plus grand saint ne fait jamais plus qu'il ne faut, et ne saurait avoir des mérites surabondants ».

8° L'Eglise romaine enseigne, d'après la tradition, qu'il existe un Purgatoire, où les âmes, avant d'entrer dans le Ciel, vont passer un temps indéterminé. Elle soutient que les vivants peuvent abréger la durée des souffrances des âmes retenues au Purgatoire, en faisant des aumônes, des prières et surtout en faisant dire des messes à leur intention.

L'Eglise protestante ne croit point à l'existence du Purgatoire, ni à l'efficacité des messes, c'est-à-dire des prières pour la libération anticipée des âmes punies. « Nous ne pouvons pas admettre, disent les protestants, que de deux hommes, aussi coupables l'un que l'autre, l'un sorte du Purgatoire pour jouir du bonheur céleste, parce qu'il aura des parents qui auront pu le libérer par des messes ; tandis que l'autre, dont les parents sont pauvres, continuera à souffrir dans le Purgatoire. Une telle croyance, disent les protestants, serait contraire aux plus simples notions de la justice ».

9° D'après l'Eglise catholique, il y a sept Sacrements ; l'Eglise protestante n'en admet que deux : le Baptême et la Sainte-Cène. La première de ces deux Eglises enseigne, que le Baptême efface le péché originel ; que ceux, à qui il est administré, deviennent héritiers du

Ciel ; que, par contre, les petits enfants qui meurent sans Baptême, n'ont point part au bonheur céleste, et qu'ils sont placés dans un lieu distinct du Purgatoire. L'autre ne croit pas que le Baptême nous sauve par lui-même ; elle ne croit pas non plus que la privation de ce Sacrement ait pour les petits enfants une conséquence si regrettable et si fatale.

———

Dans le Sacrement de la Sainte-Cène, que l'Eglise romaine appelle l'Eucharistie, au moment que le prêtre prononce ces paroles : « Ceci est mon corps, ceci est mon sang », le pain et le vin sont, d'après cette Eglise, changés au corps et au sang de Jésus-Christ ; et ce changement mystérieux s'appelle la Transsubstantiation.

L'Eglise protestante a toujours été, par rapport à cette question, divisée en deux partis. Les Luthériens croient, que lorsqu'on administre le Sacrement de la Sainte-Cène, Jésus-Christ y est réellement présent, sans que le pain et le vin cessent d'être toujours des substances matérielles. « Il n'y a pas, disent-ils, de transsubstantiation, mais il y a consubstantiation. » Les Calvinistes nient formellement la présence de Jésus-Christ. Ils soutiennent que ces paroles doivent être prises dans un sens spirituel. Manger la chair et boire le sang de Jésus-Christ, c'est, d'après l'opinion des Calvinistes, accepter Jésus pour son sauveur et son maître ; c'est se nourrir des fruits de son sacrifice et s'en appliquer les bénéfices d'une manière spirituelle et toute de foi.

———

10° L'Eglise catholique fait consister la majeure partie de son culte dans la célébration de la messe, pendant laquelle Jésus-Christ, d'après son opinion, s'offre d'une manière non sanglante, pour les péchés des vivants et pour les péchés des morts, qui sont encore dans le Purgatoire.

Les Protestants de tous les partis rejettent cette doctrine et ils abolissent la messe, car ils la trouvent contraire aux déclarations suivantes de l'Ecriture Sainte : « Jésus-Christ ne s'offre pas plusieurs fois lui-même. » — « Il s'est offert une seule fois pour ôter le péché. » — « Nous sommes sanctifiés par l'oblation qui a été faite une seule fois du corps de Jésus-Christ. »

———

Le culte protestant quotidien se réduit à la prière, à la lecture de morceaux de la Parole de Dieu, à la méditation sur les consolantes vérités qui y sont contenues, et au chant des louanges de Dieu, qui nous a gratifiés de toutes sortes de bénédictions. Aux époques des solennités chrétiennes, on complète ce culte par la célébration de la Sainte-Cène.

Dans l'exercice de ce culte on n'emploie pas la langue latine ; on se sert de la langue du pays où l'on se trouve. Les temples protestants ne renferment ni autels, ni statues, ni images, ni cierges, ni fleurs, ni or, ni argent. Le pasteur officiant ne se revêt pas d'habillements étranges et somptueux, comme le font les prêtres catholiques. Les Protestants croient que le culte, qu'ils pratiquent eux-mêmes, simple, froid, austère, est le même culte que pratiquèrent jadis les apôtres.

LE MAHOMÉTISME

Le Mahométisme est une religion de création récente. C'est au commencement du VIIᵉ siècle de l'ère chrétienne qu'elle a fait son apparition au monde. C'est l'Arabie qui fut son berceau. Jusqu'à la fin du VIᵉ siècle les Arabes formaient un peuple à demi-barbare. Ils vivaient dans les

tentes, se transportaient d'un endroit à l'autre,
n'ayant aucun code de loi, aucune autre autorité que celle d'un chef de tribu. Ce qu'on aurait
pu appeler leur religion, n'était qu'un ramassis
confus de différentes superstitions et d'erreurs,
empruntées aux nations avec lesquelles ils se
trouvaient souvent en contact. Ils se croyaient,
d'après la tradition, être d'une origine commune avec les Israélites. Imitateurs de ces derniers, ils pratiquaient la circoncision et les
ablutions ; ils avaient en outre horreur de
certains mets qu'ils appelaient impurs. Ils
croyaient en un Être suprême ; mais, en même
temps ils adoraient une foule d'idoles. La ville
de la Mecque était le séjour principal de ces
idoles. Dans un temple de cette ville se trouvait
une pierre mystérieuse, appelée Kaaba, que l'on
croyait provenir directement du ciel. Les pèlerinages incessants, qu'on faisait dans l'intention de rendre ses révérences à cette pierre, ont
été une source de richesses pour la ville de la
Mecque, et l'origine de la considération dans
laquelle on la tenait.

C'est dans cette ville que naquit, en 570 de
l'ère chrétienne, Mahomet, le fondateur de la
religion qui porte son nom.

—

Le Mahométisme est, selon le dire de son

auteur, la seule religion orthodoxe, existant depuis le commencement du monde, et prêchée par tous les prophètes, qui se sont succédé depuis Adam. Elle s'appelle aussi l'Islamisme, du mot arabe Islam, qui signifie la résignation, la soumission absolue à la volonté et aux commandements de Dieu. Ces commandements sont consignés dans le livre saint qui porte le nom de Koran, et qui, pour les mahométans, est ce qu'est la Bible pour les chrétiens. Mais il est même plus que cela. Il est à la fois le code religieux, social, civil, commercial et militaire de l'Islamisme. Ce livre, d'après la croyance mahométane, est du même âge que Dieu lui-même; il est éternel, incréé. Il a été, dans le principe, écrit aux rayons du soleil, sur un tableau gigantesque, placé debout et appuyé contre le trône de l'Être suprême. Une copie de ce tableau, sous la forme d'un livre relié en soie blanche, garni d'or et de joyaux, a été descendue par l'ange Gabriel jusqu'au dernier ciel, et remise à Mahomet dans une bienheureuse nuit du mois Ramadan. Mahomet déclare en outre que, pendant un laps de temps de vingt-trois ans, on lui remettait des fragments complémentaires de ce livre, tantôt à la Mecque, tantôt à Médine. Le plus souvent c'était l'ange Gabriel qui les lui apportait un par un, et quel-

quefois ce fut Dieu lui-même, qui apparaissait
soit voilé, soit face à face, pour lui livrer une de
ces feuilles, pendant que lui-même, lui prophète, se trouvait dans l'état de veille ou dans
un sommeil plus ou moins profond.

—

Le Koran se compose de 114 chapitres, qui
sont de différentes longueurs, et dont chacun
traite un sujet différent et dissemblable. Ce
livre n'a rien de complet, rien d'homogène. Il
est cependant manifeste que le but principal
de celui qui en a été l'auteur, fut de fondre le
Judaïsme, le Christianisme et le Paganisme en
une seule religion ; d'inspirer en même temps
dans l'âme d'un mahométan la haine des infi-
dèles.

—

La foi mahométane comprend plusieurs
dogmes, parmi lesquels les deux suivants tiennent le premier rang : « Dieu seul est Dieu. »
— « Mahomet est son prophète. »

—

La nature et les attributs de Dieu sont dans le
Mahométisme conformes à l'idée qu'en donne
le Christianisme. Dans l'une comme dans
l'autre de ces deux religions, Dieu est représenté comme le Créateur de toutes les choses,
du Ciel et de la Terre. Il gouverne et il préserve

toutes les choses ; il est sans commencement et sans fin ; il est omniscient, omnipotent, présent partout, plein de miséricorde.

———

Quant à Mahomet, voici ce que le Koran dit de lui. Dieu avait gravé ses lois dans le cœur humain ; mais le vice et l'iniquité en altérant peu à peu cette impression, finirent par l'effacer. Pour remédier à ce mal, Dieu envoyait de temps en temps des prophètes sur la terre. Il y en a eu en tout près de 300,000, parmi lesquels 313 ont été des apôtres. De ce nombre 6 seulement ont été spécialement chargés d'aller proclamer des lois nouvelles, et par cela même d'abroger les lois antérieures.

Ces six prophètes sont Adam, Noé, Abraham, Moïse, Jésus et Mahomet. Ce dernier, le plus grand de tous, a eu pour mission de publier et de propager la loi finale. D'après la foi mahométane, Jésus n'est pas le fils de Dieu ; il n'a été qu'un prophète et un apôtre. Sa naissance a été miraculeuse ; mais il n'est pas mort sur la croix ; il est monté aux cieux et il reviendra encore sur la terre, pour établir partout la religion d'Islam, et pour avertir que le jour du dernier jugement n'est pas éloigné.

———

Entre Dieu et l'homme, il y a deux classes

d'êtres intermédiaires ; les uns sont appelés les anges ; les autres portent le nom de génies.

Les anges sont produits par le feu ; ils n'ont pas de corps ; ils sont d'une substance éthérée ; ils n'éprouvent aucun besoin ; ils n'ont pas de sexe. La foule en est innombrable. Les quatre principaux parmi eux sont Gabriel, l'ange de révélation ou le Saint-Esprit ; Michaël, le protecteur spécial des Juifs ; Asraël, l'ange de la Mort ; Uriel qui est chargé de sonner la trompette de la résurrection. Deux anges se tiennent constamment près de chaque homme et enregistrent ses actions bonnes et mauvaises. Ils se remplacent les uns les autres tous les jours.

Les génies sont des êtres de nature plus grossière ; ils mangent ; ils boivent ; ils propagent leur espèce ; ils sont sujets à la mort. Parmi eux, il y a des bons et des méchants. Le chef de ces derniers se nomme Iblis.

———

Le Koran enseigne que l'âme est immortelle ; qu'il y aura une résurrection et un jugement final. — « Dès qu'un homme est mort, il y est dit : « Deux examinateurs, nommés Monker et, Nakir, paraissent à l'instant même auprès de lui et lui posent des questions concernant sa croyance en l'unité de Dieu et en la mission de Mahomet. Si les réponses sont conformes à la foi d'Islam, les anges le consolent et lui montrent le chemin du Paradis. Dans le cas contraire, ils lui frappent les tempes avec des barres de fer, ce qui lui fait pousser des cris horribles.

———

Dans l'attente de la résurrection générale, les âmes des prophètes se rendent directement au paradis; les âmes de ceux qui sont morts martyrs, sont transformées en oiseaux couleur verte, et se placent sur les limites du paradis. Les âmes du commun des croyants vont se loger dans un puits appelé Zem-Zem, ou dans l'excavation de la trompette, qui devra retentir pour annoncer la résurrection ; ou bien encore après avoir été métamorphosées en oiseaux blancs, elles iront se nicher sous le trône de Dieu. Quant à l'âme d'un infidèle, cette âme sera vouée à des tortures inexprimables jusqu'au jour de la résurrection.

———

L'époque de la résurrection est ignorée ; car Mahomet a déclaré qu'il lui avait été impossible à lui-même de la connaître de l'ange Gabriel. Il est seulement bien su que pour avertir de l'approche de ce grand événement, on sonnera trois fois de la trompette. Au son du premier coup, il se produira une telle épouvante que les mères, pour se sauver, n'hésiteront pas à quitter leurs nourrissons. Au deuxième coup, se fera l'annihilation générale de tout ce qui existe, hormis seulement le paradis et l'enfer qui continueront de subsister et de garder leurs habitants. — Quarante années plus tard la trompette retentira pour la troisième fois ; ce sera pour annoncer le moment de la résurrection. Alors tous les hommes et Mahomet le premier auront leur âme soufflée dans le corps. Il est dit dans le Koran que l'os qui forme le croupion (coccyx) dans le squelette de l'homme, persistera seul non corrompu ; que la pluie ayant quarante jours de durée en fera sortir le corps entier renouvelé.

—

La durée du jugement sera de cinquante mille années. Tout ce qui aura vécu devra s'y présenter, non-seulement les anges, les génies et les hommes ; mais, les animaux eux-mêmes y seront appelés.

Chaque homme aura un livre où auront été enregistrées toutes les bonnes actions de sa vie, et un deuxième dans lequel auront été notés tous les méfaits de son existence. Ces deux livres seront posés sur les deux plateaux d'une balance, et le jugement sera rendu d'après celui des deux plateaux qui l'emportera sur l'autre.

La réparation des injures ou des injustices se

fera en arrachant du livre des bonnes actions
de l'offenseur un plus ou moins grand nombre
de pages, et en les mettant dans le livre de
l'offensé. Quant aux animaux, ceux qui ont été
faibles et maltraités par les forts, s'en vengeront
par des représailles.

———

Lorsque le jugement sera terminé, les justes
prendront à droite le chemin qui les conduira
au paradis ; les méchants passeront à gauche
où se trouve l'enfer. — L'enfer est un lieu divisé
en sept compartiments, assignés aux sept classes
des méchants, dans l'ordre suivant : les mahométans, les juifs, les chrétiens, les sabéens, les
magiens, et les plus vils de tous, les hypocrites,
qui montrent un dehors de religion et qui n'en
ont aucune intérieurement. Les peines infer-
nales consisteront à endurer le chaud et le
froid, dont l'intensité variera selon le degré de
la culpabilité de ces méchants. Ces peines ne
seront que temporaires pour les mahométans
et pour tous ceux qui croient en un Dieu unique ;
tandis qu'elles continueront éternellement pour
ceux qui n'ont pas eu la vraie foi.

Quant à ceux qui seront dirigés vers le paradis, ils auront aussi à traverser les sept cieux,
et lorsqu'ils arriveront à la grande porte, la
dernière de toutes, ils y seront reçus par les

anges et par les nymphes. Entrés dans l'enceinte de ce lieu bienheureux, ils y jouiront de toutes sortes de félicité, tel que, repas somptueux, composés des mets les plus délicieux; costumes éclatants et des plus riches ; parfums enivrants; musiques ravissantes et caresses des nymphes, créées de musc. Il est cependant dit dans le Koran que ce ne seront pas les bonnes œuvres et les mérites d'un homme, qui gagneront pour lui l'admission au paradis, mais bien la grâce de Dieu ; que les riches n'y entreront que 500 ans après les pauvres. Il y est aussi écrit : « Le plus favorisé sera celui qui verra jour et nuit la face de Dieu. C'est la félicité qui surpassera tous les plaisirs des sens, comme l'océan l'emporte sur une perle de rosée. »

En parlant de l'enfer, le Koran dit que la majeure partie de ses habitants seront des femmes.

Le dernier des dogmes secondaires de la foi pure qu'enseigna Mahomet est celui qui ordonne la soumission entière et absolue aux décrets de Dieu. D'après ce dogme, Dieu a réglé d'avance non-seulement le sort prospère ou malheureux de chaque homme, mais aussi sa foi ou son

incrédulité. Il est impossible de se soustraire et
d'échapper à cette prédestination.

—

Le culte mahométan consiste dans l'accomplissement de quatre grands devoirs qui sont :
la prière, l'aumône, le jeûne et le pèlerinage.

—

1° La prière que le Koran appelle : « la clé
du paradis » comprend les purifications, qui
sont de deux sortes. Dans certaines occasions,
il faut plonger entièrement dans l'eau tout son
corps, c'est l'immersion. Toutes les fois que l'on
veut se mettre à réciter une prière, il faut aupa-
ravant faire une ablution, c'est-à-dire, il faut
se laver la face, les oreilles, les mains et les
pieds ; car Mahomet a déclaré que la pratique
de la religion était fondée sur la propreté ; que
Dieu n'exaucerait pas la prière de celui qui
l'invoquerait sans égard pour la propreté.
Chaque mahométan est obligé de réciter ses
prières cinq fois dans l'espace de 24 heures :
à l'aube du jour, vers midi, dans l'après-midi,
au coucher du soleil et à la tombée de la nuit.
La voix sonore du Muezzin, qui retentit du
haut du minaret, avertit les fidèles de ces
moments d'oraison. En quelque lieu qu'il se
trouve, le mahométan, dès qu'il entend cet appel,
doit se dépouiller de tout vêtement luxueux,

tomber à genoux et tourner les yeux du côté de la Mecque.

———

La première prière, que l'on chante au Minaret à l'aube du jour, se réduit à cette confession de foi toute concise : « Dieu est grand ! Mahomet est l'Apôtre de Dieu ! Venez à la prière, venez à la sécurité. »

Ces paroles sacramentales se répètent trois fois successives, et le fidèle, quand il les répète, ne doit pas se tenir immobile, mais il doit au contraire se tourner plusieurs fois à droite et à gauche, doit incliner la tête et se prosterner. La prière du soir est plus longue. On la trouve au premier chapitre du Koran. Voici les termes : « Louanges à Dieu, au « Seigneur de toutes les créatures, au très « Miséricordieux, au Souverain qui présidera « au jour du jugement : Nous t'adorons, ô « Seigneur ! nous implorons ton assistance. « Conduis-nous dans le droit chemin, dans le « chemin qu'ont suivi les élus, non point dans « celui des réprouvés ».

———

2° L'aumône vient après la prière. Autrefois il y eut deux sortes d'aumône ; l'une légale et obligatoire ; l'autre volontaire. Le Souverain se réservait le droit de recueillir la première et de l'employer à des œuvres de charité ; mais cette habitude s'est perdue peu à peu. L'aumône volontaire se fait une fois par an. Elle doit consister en bétail, céréales, fruits et argent comptant, représentant les deux centimes du revenu de chacun. Outre cela, il est de coutume de donner aux pauvres, à la fin du mois sacré du Ramadan, des céréales, du riz, des raisins et des dattes en autant de mesures qu'il y a de membres dans la famille du donateur.

Pour juger de l'importance de l'aumône il faut citer le morceau suivant du Koran : « La prière ne consiste nullement à tourner vos faces vers l'est ou vers l'ouest. Celui-là prie réellement qui croit en Dieu, et au dernier jour ; qui croit aux Anges, aux Écritures, au Prophète ; et qui, pour l'amour de Dieu, donne de l'argent à son prochain, aux orphelins, aux pauvres, et qui rachète les captifs ».

—

3° Le troisième devoir du culte est l'obligation de jeûner à certaines époques déterminées, et cela d'une manière particulière. Pendant toute la durée du mois de Ramadan, il est ordonné à tout Mahométan de s'abstenir, depuis l'aube du jour jusqu'au coucher du soleil, de manger, de boire, de fumer, d'écouter la musique, de respirer un parfum et de se baigner ; en un mot de s'abstenir des plaisirs sensuels. Il arrive souvent que le mois de Ramadan tombe dans le cœur de l'été, et que la privation des boissons devient un véritable supplice. Il n'y a cependant que les malades, les soldats pendant la guerre, et les voyageurs, qui soient exemptés de l'obliga- tion de jeûner ; et encore, à condition de faire leur jeûne à une autre époque. Il y a des Mahométans qui préfèrent manquer aux autres devoirs religieux plutôt qu'à cette obligation. Il est dit dans le Koran « que le jeûne équivaut au quart de la foi ; qu'il est la grande porte de la religion ».

———

4° Le quatrième devoir, que chaque Mahomé- tan doit accomplir au moins une fois dans sa vie, c'est un pèlerinage à la Mecque. « Celui qui « le néglige », dit le Koran, « pourrait aussi « bien mourir en Juif ou en Chrétien ».

———

Le nom Arabe de ce pèlerinage est le mot Haji, parce que c'est le douzième mois de l'année turque, nommé Hajieh, qui est l'époque fixée pour la célébration de la solennité du péléri- nage. Ceux qui se disposent à faire le pèlerinage se mettent en route, un mois ou même deux mois avant l'époque mentionnée, selon qu'ils ont à faire une route plus ou moins longue. Au

commencement du mois en question, les pèlerins doivent se trouver tout près de la Mecque,
et se trouver tous réunis dans l'endroit qui leur
est assigné ; car c'est de ce point que commence
la série des cérémonies du pèlerinage. Ceux
qui s'y rendent pour la première fois, revêtent le
costume sacré, prescrit dans le Koran. Il se
compose de deux longues pièces d'étoffe de
laine ; l'une pour faire le tour des reins, l'autre
pour être jetée sur les épaules ; et en plus d'une
paire de pantoufles, qui ne recouvrent ni le talon,
ni le cou de pied. Revêtus de cette manière et
tous, la tête découverte, les pèlerins entrent
dans la ville de la Mecque et se rendent de suite
au temple où se trouve la pierre Kaaba. Arrivés
auprès de cette pierre, ils y déposent un premier baiser ; ils se mettent en marche pour
faire d'une seule haleine sept fois le tour de
cette pierre, en y déposant à chaque retour un
nouveau baiser ; et avec cette particularité que,
le premier tour doit être fait d'un pas précipité,
et les autres de plus en plus lentement.

———

Le lendemain, on se rend hors de la ville, à
un endroit situé entre deux petites montagnes,
Safa et Nerva. On y répète les sept tours de
promenade, d'un bout à l'autre du parcours
entre ces deux montagnes, mais au rebours de

ce qui s'est fait la veille à la mosquée ; c'est-à-dire, en commençant par une marche très lente, et en la précipitant à chaque retour de plus en plus.

———

Le neuvième jour, les pèlerins se rendent sur une autre montagne, nommée Arafat, voisine de la ville ; ils y restent, en récitant leurs prières jusqu'au coucher du soleil.

———

Le lendemain, ils pénètrent dans une vallée qui s'appelle Nirva où se dressent trois piliers.

Aussitôt qu'ils y sont arrivés, ils jettent sur les pilliers sept cailloux pour forcer le diable à prendre la fuite. Leur dernière offrande consiste à égorger des animaux. Ce sacrifice terminé, on se rase la tête, on se coupe les ongles. Cheveux et ongles coupés sont enterrés immédiatement sur place.

———

Il ne reste plus pour achever le rite et clore toute la série des actes cérémoniels du pèlerinage, qu'à se pourvoir de quelque souvenir sacré, tel par exemple qu'un peu de terre du tombeau du prophète ; ou bien un peu d'eau d'un puits nommé Zem-Zem ; on va dire adieu à Kaaba et l'on se remet en route pour retourner chez soi.

———

Ces pèlerinages ne se font pas individuellement, mais toujours en grande compagnie, en caravane. Il faut voir avec quelle anxiété on attend partout le retour de cette caravane sacrée, et avec quelle joie, avec quelle pompe on célèbre ce retour. A partir de ce voyage, le Mahométan ne manquera pas, en signant son nom, de lui ajouter l'honorable et pompeux préfixe de Hadjie.

—

Les Mahométans ne comptent qu'un petit nombre de fêtes. Le vendredi est chez eux le jour du repos. La sanctification de ce jour, de même que celles des autres jours fériés, ne suit pas le même mode que celui qui se pratique le dimanche chez les Chrétiens, ou le samedi chez les Juifs.

Dans le Mahométisme tout le monde se presse d'assister au service de la mosquée ; mais le service fini, chacun est libre de passer son temps comme il l'entend. Aussi l'un cherche à s'amuser ; un autre se livre à la dévotion ; et un troisième reprend son travail journalier.

—

Le temple mahométan, appelé Mosquée, se distingue toujours des bâtiments consacrés au culte dans toutes les autres religions, par deux caractères particuliers. Il y a toujours là un dôme c'est-à-dire une coupole de forme demi-sphérique ; il s'y élève aussi un Minaret, une sorte de tour haute et spacieuse, proche du temple. Cette tour est divisée en plusieurs étages et à chaque étage se trouve un balcon ou une galerie saillante. Les Minarets sont aux Mosquées ce que les clochers sont aux églises chrétiennes. C'est du haut du Minaret que le Muezzin fait entendre cinq fois par jour, son chant, qui est un appel à la prière.

L'entrée d'une Mosquée est ordinairement précédée d'une grande cour, plantée d'arbres, au milieu de laquelle jaillit une fontaine, dont les eaux servent aux ablutions. A l'intérieur du bâtiment, ni autel, ni statue, ni une image ; nul banc, nul siége. Au sud-est se fait remarquer une espèce de chaire, destinée à l'Iman, chargé de lire les prières. En face de cette chaire se dresse une estrade, qu'entoure un parapet, et au centre de cette estrade, surgit un pupitre sur lequel se met le Koran. Dans la direction de la Mecque s'ouvre une niche, qui sert à indiquer aux fidèles le côté vers lequel ils doivent se tourner, quand ils prient. Sur les murs blancs brillent, en grands caractères d'or, les inscriptions reproduisant des versets choisis du Koran. Au cintre de la voûte se balancent

des lampes ; des tapis ou des nattes recouvrent
le sol de la Mosquée.

—

Aux heures de service, les fidèles réunis dans
le temple, gardent un décorum parfait, avec un
air de profonde humilité ; mais, dans l'après-
midi, quand la lecture de prières a atteint sa
fin, des flaneurs s'y promènent et y causent ;
les intéressés traitent là leurs affaires de
commerce.

—

A proprement parler il n'existe pas de clergé
mahométan. Il y a seulement un régisseur de
Mosquée, appelé Nazir, qui a sous sa dépendance
les deux Imans, chargés de lire les prières pour
le public, et de faire de temps à autre un
sermon pour l'Assemblée. Ces Imans n'ont
aucune autorité sur les fidèles, et vu que leur
salaire est de peu d'importance, les nécessités
de la vie les forcent à se livrer à d'autres
occupations.

—

Aux grandes mosquées s'annexent ordinairement soit les écoles, où l'on enseigne le Koran ;
soit des hospices, ou même des cuisines pour
nourrir les pauvres.

—

Ce qu'on appelle improprement le clergé

9

musulman est un corps de jurisconsultes, de docteurs appelés Oulemas, dont l'unique mission est l'interprétation du Koran, et l'application aux cas particuliers des dispositions légales contenues dans ce livre sacré. Leur chef s'appelle Moufti. On lui donne aussi le nom Sheik-al-Islam. C'est ce dignitaire qui, lors de l'accession au trône du sultan nouveau, lui attache le cimeterre au côté. Sa nomination se fait par élection, mais il peut être déposé par le sultan. La seule prérogative dont il jouit consiste dans l'exemption de toute punition corporelle ; et dans cet autre privilège que sa fortune ne peut lui être confisquée.

CONCLUSION

La revue sommaire, que l'on vient de faire, prouve évidemment que toutes ces religions officielles n'ont en elles-mêmes rien de commun avec la morale. Il est vrai que l'humanité a grandi et s'est développée sous l'aile de la religion ; mais le progrès de son intelligence, le

perfectionnement de ses mœurs et l'améliora-
tion de son sort, l'homme ne le doit point à sa
nourrice.

On aime à croire que c'est la religion qui est
l'unique fondement de la morale, et on a l'habitude de porter au crédit de la religion toute
l'influence qu'exercent dans les affaires humaines les principes de morale, généralement
acceptés pour la direction de la vie. — C'est
une erreur, qui provient de ce que chaque
religion s'approprie un nombre plus ou moins
considérable des meilleurs principes moraux, et
cherche à les donner comme siens. Cependant,
depuis un certain temps on revient peu à peu de
cette erreur. De toutes parts on comprend qu'il
n'y a d'un côté aucune corrélation, aucun lien
entre les dogmes, les mythes et les légendes
religieuses, de l'autre avec l'idée du devoir. Il
n'est personne qui ne sache qu'on puisse être un
parfait honnête homme lors même qu'on ne
pratique aucun culte religieux. Personne, non
plus, n'ignore qu'il y a de très malhonnêtes gens
qui se livrent scrupuleusement à l'exercice de
toutes les obligations et de toutes les pratiques
de leur religion.

Loin d'améliorer la nature humaine et de
contribuer ainsi au bonheur de l'homme et de
la société, chaque religion, comme on a pu le

voir, y a mis à sa guise des obstacles infranchissables.

« Théoriquement la religion devrait réunir
« toute l'humanité dans la fraternité, relier les
« hommes les uns aux autres dans la bienveil-
« lance ; pratiquement cependant elle a été
« une des principales causes de divisions, de
« haines, de guerres, de persécutions et de
« meurtres parmi les hommes. Aussi, pour
« conserver la paix et l'ordre, l'Etat moderne
« a été pratiquement forcé de divorcer avec la
« religion et de laisser à chaque secte la liberté
« de faire ce qui lui plait, tant qu'elle ne
« touche pas par ses dogmes ou par ses céré-
« monies aux intérêts du gouvernement civil. »

FIN

Clermont (Oise). — Imprimerie du *Journal de Clermont*.
J. MALLET, directeur.

www.ingramcontent.com/pod-product-compliance
Lightning Source LLC
Chambersburg PA
CBHW070126100426
42744CB00009B/1751